感谢教育部人文社会科学研究青年项目的资助（编号：12YJCZH068）
感谢湖南省农业经济管理重点学科的资助

经济管理学术文库 • 经济类

农田水利基础设施投资绩效及影响机理研究

Research on Investment Performance and Influence Mechanism of Farmland Irrigation Infrastructure

何平均／著

经济管理出版社
ECONOMY & MANAGEMENT PUBLISHING HOUSE

图书在版编目（CIP）数据

农田水利基础设施投资绩效及影响机理研究/何平均著．—北京：经济管理出版社，2018.11

ISBN 978-7-5096-6184-0

Ⅰ.①农…　Ⅱ.①何…　Ⅲ.①农田水利建设—水利投资—研究—中国　Ⅳ.①F323

中国版本图书馆CIP数据核字(2018)第270460号

组稿编辑：曹　靖
责任编辑：张巧梅　赵　丽
责任印制：黄章平
责任校对：陈　颖

出版发行：经济管理出版社
（北京市海淀区北蜂窝8号中雅大厦A座11层　100038）
网　　址：www. E-mp. com. cn
电　　话：（010）51915602
印　　刷：北京玺诚印务有限公司
经　　销：新华书店
开　　本：720mm×1000mm/16
印　　张：11.25
字　　数：195千字
版　　次：2018年12月第1版　　2018年12月第1次印刷
书　　号：ISBN 978-7-5096-6184-0
定　　价：68.00元

感谢教育部人文社会科学研究青年项目的资助（编号：12YJCZH068）。

感谢湖南省农业经济管理重点学科的资助。

前　言

中国正处于“四化”协调发展、脱贫攻坚、全面实现小康社会的关键时期，农田水利基础设施作为农业基础设施的重要组成部分，涉及农民生产生活中最直接、最根本的问题，也是建设社会主义新农村、实施乡村振兴战略的基础和保障。一方面，农田水利基础设施具有流域性、整体性等自然属性，决定了其修建、利用、维护的复杂性；另一方面，还具有公共性、网络性等社会属性，导致市场机制很难对水资源配置发挥有效作用，无法避免“公共池塘悲剧”的产生。目前，我国农田水利基础设施建设基本上形成了全社会积极参与、齐抓共管的良好局面，随着产权体制改革和运行管护机制创新的进一步深入，投资规模不断增加，投资结构和管理体制也不断优化。这不仅有利于防洪排涝灌溉体系的形成，还助力“三农”问题解决、国家粮食安全以及“青山绿水”的实现。但是农田水利基础设施投资还存在质量和效率不高、项目结构和区域结构不均衡、管理机制不完善等问题。客观地认识、评价我国农田水利基础设施投资的历史与现状，对我国农田水利基础设施投资绩效及其影响机理进行系统研究，从根源上发现问题、找出问题、解决问题，不仅有利于增强投资优化决策能力，而且还有助于提高资金使用效率和行动能力，加快农田水利基础设施优质、高效建设，进而整体上促进经济、社会、生态的健康、可持续发展。

本书围绕农田水利基础设施投资绩效问题，统筹历史与现实、宏观与微观、供给与需求、理论与实践，综合运用实地调研与统计数据，采用定性与定量相结合的方法，试图科学、客观、全面衡量我国农田水利基础设施投资绩效情况，并探究其影响因素的深层次原因。首先，对我国农田水利基础设施投资的性质与功能、历史与现状进行梳理，总体上阐述我国农田水利基础设施投资的属性、发展沿革以及阶段性特征，有利于认清形势，把握优势和不足。其次，分析农田水利基础设施投资主体特征及责任，基于农户视角，结合粮食主产区和非粮食主产区的调研对农田水利基础设施投资主体意愿进行理论和实证分析，为投资绩效研究做好铺垫。再次，分别从农业经济增长、农民收入提高、国家粮食安全与水利安全、生态环境优化四个方面对农田水利基础设施投资绩效的影响机理和路径进行理论阐述，为后面的实证研究打好基础。复次，分别基于宏观、中观、微观三个不同的视角和层次，采用不同的方法对农田水利基础设施投资绩效及其影响机理进行实证分析，全方位度量农田水利基础设施投资绩效的现状及其影响因素，为水利部门和主管单位决策、实践提供参考依据。最后，得出研究结论并提出政策建议。

农田水利基础设施投资绩效存在时间、空间、类别上的差异性，其影响机理也不尽相同，促进其提高是一项复杂的系统工程，不仅涉及宏观层面国家法律法规的健全、财税体制的改革、政府职能的优化，还涉及微观主体的合作与利益的协调。具体而言，包括七个方面：健全法律法规，规范投资行为；完善现代财政制度，构建投入稳定增长长效机制；明确性质与功能定位，优化投资结构；界定投资主体责任，鼓励多元化投资；建立合作机制，协调多维主体利益；健全激励与约束机制，提高农户参与度；加强科学管理，促进投资管理创新。期望这些建议能对我国农田水利基础设施投资绩效提高起到较好的参考价值。

何平均

2018 年 9 月

目　录

第1章　绪论

1.1　问题提出

1.1.1　研究背景

农田水利基础设施是农业基础设施的重要组成部分，是提高农业综合生产能力、实现国家粮食安全的重要前提和基础保障。我国是一个农业大国，人多地少、水资源短缺、降雨时空分布不均。近年来自然灾害频繁交替发生，且呈不断加剧之势。2010年西南5省区发生的特大旱灾和30个省区市遭受不同程度的洪涝灾害导致直接经济损失达4000多亿元；2017年春季，北方降雨持续偏少，南方多次强降雨造成部分地区发生较重的干旱和洪涝灾害，损失较重，给农业生产带来一定影响。据统计，自然灾害中以水灾害为主（占72%），其中旱灾约占全部损失的48%，洪涝灾害占24%。农田水利设施薄弱是导致旱涝灾害频繁发生的重要原因，是农业稳定发展和国家粮食安全的最大障碍之一。

虽然近年来国家对农田水利基础设施建设高度重视，出台了一系列方针政策。2005年中央财政专门设立了农田水利基础设施建设专项补助资金，从2009年起财政部、水利部在全国范围内全面开展了农田水利重点县建设；2011年党的中央一号文件《中共中央国务院关于加快水利改革发展的决定》强调加强以农田水利为重点的农业基础设施建设，开启了农田水利建设的新纪元。此后党的中央一号文件围绕现代水利建设、节水灌溉设施、“五小水利”工程等出台了一系列政策支持措施，这充分说明，党中央、国务院始终把农田水利建设摆在重要日程上，始终作为一项长期性、经常性重要任务，对保水蓄水节水、减少自然灾害起到了较大作用。但是农田水利基础设施投资还存在质量和效率不高、项目结构和区域分布不均、管理机制不完善等问题，进一步提高农田水利基础设施投资绩效，促进农业增产、农民增收、农村发展、生态繁荣、水利安全存在较大的空间。因此，有必要弄清楚目前我国农田水利基础设施投资绩效的现状及其影响机理，从根源上发现问题、找出问题、解决问题，提高决策和行动能力，进而整体上促进经济、社会、生态的健康可持续发展。

1.1.2 研究意义

农田水利基础设施所涉及的一般都是农民生产生活中最直接、最根本的问题，也是建设社会主义新农村、实施乡村振兴战略的基础和保障。一方面，对我国农田水利基础设施投资的性质与功能、历史与现状进行梳理，总体上把握目前我国农田水利基础设施的多功能性及现状，有利于认清形势，把握优势和不足。另一方面，通过对农田水利基础设施投资绩效的影响机理和路径进行定性分析，有利于弄清问题的根源，做到标本兼治；通过从不同视角、对不同类型农田水利基础设施采用科学合理、客观可行的模型和方法进行评价，不仅有利于增强投资优化决策能力，而且有助于提高资金的使用效率，特别是提高国家财政支农绩效，进而促进农业经济朝着更好更快的方向发展；通过对影响农田水利基础设施投资绩效的影响机理进行实证研究，有利于客观、科学地分析影响因素的影响机理和程度，从根本上提出投资绩效改进的对策建议，有利于加快农田水利基础设施优质、高效建设，促进快速、可持续发展。因此，本书的研究具有重要的理论和现实意义。

1.2 研究动态

1.2.1 国内外研究动态

（1）有关农田水利基础设施投资主体的研究。国内外学者关于农田水利基础设施的研究，首先关注的焦点是投资主体问题，围绕投资主体的选择、投融资方式等展开。农田水利基础设施对于农业经济增长和农村发展有着举足轻重的作用（Macmilian，1987；Evenson，1997；Sarkcr，2004）。由于农田水利基础设施的公共产品属性，政府投资成为其主要来源（Mishra，Ghosh S.，Nanda P.，et al.，2011；Andrew D.，2011；马林靖、张林秀、罗仁福，2007；王广深，2012；Tarjuelo，2015），一般应通过财政拨款和转移支付等一系列形式进行投资，并形成"自上而下"的投资决策机制（张岩松、朱山涛，2013；石泓、余志刚，2009；朱陈松、章任俊、张晓花，2010）。但是，随着时间的推移，政府的水利投资主体地位将会不断弱化（Bauer，2000）。由于政府财力约束以及部分农田水利设施的经营性或准经营性特征，社会资本介入成为缓解政府财力不足的重要途径（Pelt，A. Kuyvenhoven，P. Nijkamp，1992）；（Christos Pantzios，Panos Fousdkis，1998）提出让私人部门和非政府组织等机构参与到农田水利的资金供给中来。Gholikandi（2009）提出通过水利财政支出带动私人的参与以及世界银行的贷款，以共同解决水利财政投入资金不足的问题。Wellenius、Foster 和 Malmberg Calvo（2004）提出了发展中国家可以通过由政府补贴和由私人公司共同来提供农田水利基础设施的建设服务。Ashutosh Sarker 等（2001）、马培衢（2007）、杜君楠（2009）、连英祺（2012）、Saud Akbar 等（2013）、王昕和陆迁（2014）、Garrote（2015）认为应该充分发挥政府投资的主体作用，并建立相对多元化的投资机制，广泛吸引社会资金参与到农田水利基础设施的建设中来。Rosegrant 等（2000）、赵鹏举（2014）、张连军（2015）认为可以根据不同的市场化层次，采用 BOT、PFI、PPP、ABS 等不同融资模式吸引外资和民间资本投入。

（2）有关农田水利基础设施投资绩效评价的研究。关于农田水利基础设施投资绩效评价的研究，主要体现在评价方法的选择与应用、指标体系的构建等方面。首先，在评价方法的选择与应用上，有主观评价法和客观评价法。常见的主观评价法包括层次分析法（Analytical Hierarchy Process，AHP）、倾向得分匹配法（Propensity Score Matching，PSM）等代表性方法。Zheng 等（2013）提出了一种"社会影响下的公共设施投资范式"（Social Impact Project Finance，SIPF），它不仅考虑社会、环境和经济因素，而且使公共和私人部门各得其所，从而促进公共设施投资的可持续发展。Aliasghar 等（2015）基于层次分析法（AHP）和模糊三角数（Fuzzy Triangular Numbers），从技术、管理、环境、社会和经济等方面对

4 个灌溉项目进行评价。王蕾和朱玉春（2012）选用模糊综合评价法对农田水利设施供给效果进行了实证分析。

常见的客观评价法包括 DEA、投入产出分析（Input - Output Analysis，IOA）、成本效益分析（Cost Benefit Analysis，CBA）、线性规划（Linear Programming，LP）等代表性方法。Sanjay Sitaram Phadnis 和 Mukul Kulshrestha（2012）运用 DEA 模型对印度干旱和半干旱地区农田水利投资绩效进行了对比分析，Amy Lilienfeld（2007）运用 DEA 模型分析农田灌溉系统类型与过量灌溉用水水平之间的关系。Patel 等（2013）采用多目标模糊线性规划（Multi - Objective Fuzzy Linear Programming，MOFLP），以净收益、就业和收入最大化以及成本最小化为目标，对印度古吉拉特邦的某水利项目进行评价。Anagnostopoulos 等（2011）应用模糊综合成本效益分析法（Fuzzy Comprehensive Cost Benefit Analysis，FCCBA），对希腊东马其顿—色雷斯地区的 3 个灌溉工程进行了综合评估。M. Bauer（2006）、Helga Pereira（2016）分别用整合的经济—水利模型、确定性和随机模型来对灌溉效率进行测定分析。此外，骆永民、樊丽明（2012）从空间相关性和空间异质性两个角度实证分析了中国 1999 ~ 2009 年的省级面板数据，陈煌、王金霞和黄季焜（2012）通过计量经济模型分析了我国农田水利基础设施的抗旱效果，张宁、陆文聪和董宏纪（2012）运用 Logistic 模型和线性非效率模型分析了农户参与性机制对农田水利技术效率的影响，唐娟丽、倪永明（2018）运用三阶段 DEA 模型分析了中国省际农田水利基础设施投资效率。

在评价指标选择及体系构建上，Tsukui 等（1979）、Sanjay 等（2012）分别使用水利固定资产投资、农林水事务财政支出作为投入指标对农田水利投资绩效进行评价；Monem 等（2003）以农民人均收入、农业产值和农业总产量为产出指标，李超（2014）以水利固定资产投资和乡村办水电站为投入指标，以有效灌溉面积、水土流失治理面积、水产品产量和发电量为产出指标，构建规模报酬可变的 DEA 模型。叶文辉等（2014）以农林水事务财政支出、持久性收入和人力资本投入为投入指标，以有效灌溉面积和农林牧渔业总产值为产出指标。俞雅乖（2013）以农田水利财政支出为投入指标，以有效灌溉面积、除涝面积、受灾面积和粮食产量为产出指标，对我国农田水利财政支出效率进行评价。何平均等（2014）以农田水利投资和农业劳动力为投入指标，以粮食亩均产量、农村居民纯收入、除涝面积、水土流失治理面积、有效灌溉面积和农村饮用水安全人口为产出指标，评价我国各地区农田水利投资绩效。

（3）有关农田水利基础设施投资绩效影响因素的研究。关于农田水利基础设施投资绩效影响因素的研究主要体现在资金投入、投资方式、治理模式、制度创新等方面。Macmillan 和 Whalley（1989）、Hanjra（2009）、Steven（1995）、王朝明和杜辉（2011）、骆爽（2014）等的研究表明，政府投资对农田水利基础设施投资绩效产生较大影响。Brinegar 等（2009）、李超（2014）、Gholikandi 等（2009）认为政府的农业节水补贴、水利财政支出对水利投资绩效产生显著的积极影响。Greg 等（2011）、唐忠和李众敏（2015）也认为制约着农业和农村经济发展的一个重要因素是农田水利投入不足。Mabry（1996）、Grove 和 Oosthuizen（2010）认为中央项目投资与地方项目投资的比例可能对农田水利投资绩效产生影响。柴盈等（2007）、郑风田（2011）、杨阳等（2015）、Johnson（2011）、Aliasghar 等（2013）研究发现影响我国农田水利基础设施投资绩效的因素是管理体制和产权制度。贾康和孙洁（2006）、张开华（2008）等认为农业发展战略、资源禀赋结构、管理体制和决策机制及治理模式对农田水利基础设施投资绩效的影响是根本性的。田祥宇、李沛明（2016）基于公平的视角，发现经济发展水平、人均财政收入、财政分权、人口密度、城镇化水平等因素对农田水利基础设施投资产生影响。J. Mabry 和 Cabaks（1996）、Liyin Shen 等（2011）、Montoro 和 Lopez（2011）、刘辉（2014）、朱玉春（2015）认为治理模式对农田水利用水的影响很大。Einzen - Dick（1996）、Buchta（2009）认为一定条件下将工程产权私有化可以提高工程的运行效率。Stuckenbruck（1987）认为改善农田水利基础设施的投资机制有利于降低其投入成本，还可以提高农业产出量。除上述因素外，经济政策与农民收入水平也会影响农田水利基础设施投资的有效性（Baris Yilmaz，2009；蔡荣等，2014）。

（4）有关农田水利基础设施投资绩效改进的研究。有关农田水利基础设施投资绩效改进的观点主要集中在加大投入、创新投资方式、改革产权、加强管理等方面。刘海英和李大胜（2014）认为国家不但要大力投资农田水利工程建设，更要着力于农田水利治理机制创新，加速构建高效率的农田水利设施多中心协同治理模式。王昕和陆迁（2014）认为除了加大资金投入力度以外，还应该通过产权制度的改革来加强小型农田水利设施的监管与建设。Jennifer Mckeyi 和 Ganesh B. Keremane（2005）、Peter P. Mollunag（2007）、李洁（2010）、王广深（2012）、王艳梅（2013）的研究结果表明，目前最有效的投资管理需要一系列制度创新。Jonathan Fox 和 John Gerhman（2000）认为引入社会资金直接投入公共产品中的农田水利效果最佳，Beesley 和 Littlechild（1994）、Clive harrris（2003）、Kessides 和 Ioannis（2004）指出务必在基础设施（包括小型农田水利设施）的项目经营和管理中加上私人组织和竞争机制，有利于投资效率提升以及保护消费者的利益。Yeo 和 Robert（2000）、倪细云和文亚青（2011）认为引进商业运作模式和市场化经营模式，可以共同促进投入资本的利用效率。Estache（2008）、kenny（2015）认为直接或通过担保、混合融资，降低农田水利基础设施融资成本，对发达国家和地区有效，而对发展中经济体而言效果欠佳。

1.2.2 简要评述

农田水利基础设施投资问题受到国内外学者的广泛关注，从不同角度研究了农田水利基础设施投资绩效的相关问题，并不断走向深入。总体而言，综观国内外现有研究，已取得以下成就：一是绝大多数农田水利基础设施具有公共产品属性和较强的外部性，财政投资是其主要资金来源，投资方式日趋多元化，投融资机制和治理模式创新有利于提高投资绩效。二是农田水利基础设施投资绩效的评价方法应用广泛，不同的评价方法有不同的功效，应该根据具体的经济条件采用合适的评价方法。目前，DEA 的应用相对成熟，接受度也较高，因此 DEA 模型在农田水利投资绩效上的应用比较普遍。三是影响农田水利基础设施投资绩效的因素繁多，影响程度不一，从根本上探究影响机理日益重要。这些研究思路和成果为本课题的研究奠定了较好的基础。但现有研究还存在以下不足：一是从研究广度来看，主要对农田水利基础设施进行整体研究，对不同类型、不同区域农田水利基础设施分类研究较少。而且由于各类型农田水利基础设施的特点和性质存在差异，其投资绩效的内涵也会有不同侧重。可见对农田水利基础设施投资绩效及其影响机理的研究缺乏系统性。二是从研究深度来看，对各种影响因素的综合分析以及各类影响因素重要性程度的研究还处于起步阶段，对农田水利基础设施投资绩效的特殊影响因子及对影响机理的深层次研究相对较少。本书将试图拓宽研究的广度和深度，开展进一步研究。

1.3 研究思路与方法

1.3.1 研究思路

本书从农田水利基础设施投资基础理论出发，在分析农田水利基础设施投资的性质与功能、历史与现状、投资主体责任与意愿的基础上，首先对农田水利基础设施投资绩效的影响机理与路径进行理论分析，然后分别从宏观、中观、微观的视角对农田水利基础设施投资绩效及其影响机理进行实证分析，最后提出相关政策建议。其研究思路遵循以下基本框架（见图1-1）。

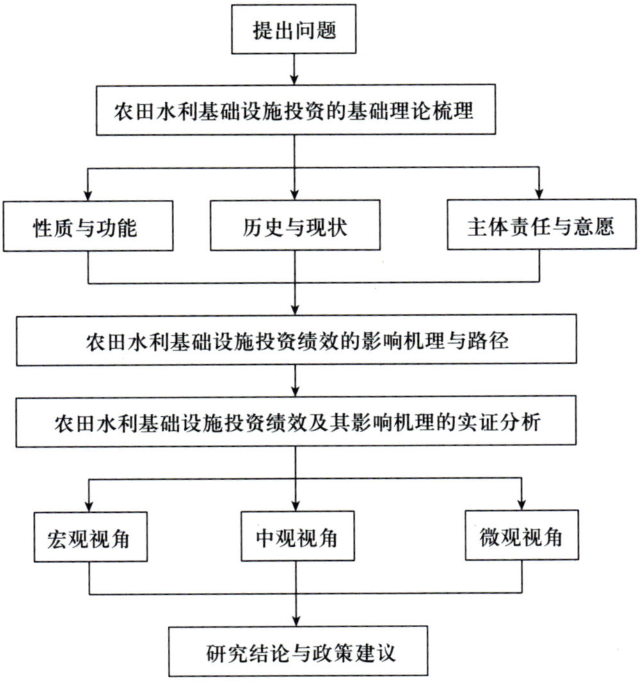

图1-1 本书的研究基本框架

1.3.2 研究方法

本书综合应用经验研究法和理论研究法、调查研究法和实证研究法等探讨有关农田水利基础设施投资绩效及其影响机理的重大理论和现实问题。在充分挖掘各类文献资料、统计数据、调研数据的基础上，综合运用 DEA - Tobit 模型、Logistic 模型、三阶段超效率 DEA 模型、多元线性回归法、因子分析法等经验实证方法。基于实证研究结果，以科学发展观和中国国民经济“十三五”发展规划为指导，探讨我国农田水利基础设施投资绩效改进的对策建议。主要体现在：

（1）文献研究与理论研究法。在充分查阅各类文献资料的基础上，结合我国国情和农田水利基础设施的实际情况，对农田水利基础设施投资的性质与功能、历史与现状、投资主体责任以及投资绩效的影响机理与路径进行理论研究，为后面的实证研究做好铺垫。

（2）调查研究与实证研究法。在对农田水利基础设施投资主体责任进行定性分析的基础上，通过对粮食主产区和非粮食主产区的调研，基于 Logistic 模型对农田水利基础设施投资意愿及其影响因素进行实证分析。通过对 10 个县（市）农户的满意度调查，采用因子分析法和多元线性回归，对农田水利投资绩效农户满意度进行实证研究。

（3）规范研究与比较研究法。从宏观的角度，基于 DEA 模型对我国农田水利基础设施投资绩效进行规范研究，测度其投资相对有效性和配置效率，并针对不同区域，分析其变化特点和规律以及时间和空间上的异质性。在此基础上基于 DEA - TOBIT 模型对其影响机理进行规范研究。从中观的视角，基于三阶段超效率 DEA 模型对湖南省农田水利基础设施投资绩效进行规范研究，测度 14 个市（州）农田水利基础设施投资绩效，并进行比较分析其时空差异。

1.4　主要创新与不足

1.4.1　创新之处

农田水利基础设施投资绩效问题涉及面广而深。首先，将宏观、中观的供给侧与微观的需求侧相结合，对农田水利基础设施投资绩效进行全面系统的研究，并比较分析其时空差异。其次，对农田水利基础设施投资绩效的影响机理进行理论分析，描述出其影响路径图。在此基础上，对投资绩效的影响机理进行实证分析，探讨其对不同类型农田水利基础设施的影响以及各类影响因素的影响程度，以寻求影响投资绩效的根源和重要因素。最后，从宏观与微观、需求与供给、横向协调与纵向一体化相结合的角度，提出相应的政策建议，为相关部门决策、投资、运行、管理、后评价以及相关制度、政策的配套改革等提供参考。

1.4.2　不足之处

首先，由于开展本书研究持续的时间较长，涉及范围广，对投资绩效及其影响机理实证研究开展得早，相应数据在本书出版之际未能加以进一步更新，略显陈旧；其次，由于在项目选取和研究过程中数据获得不全面，以及现实调查中遇到困难，在对全国、各区域以及农户满意度进行评价的基础上，未能针对某一具体投资项目进行绩效评价，略显遗憾，以后将进一步深入开展这方面的研究。

第2章 农田水利基础设施投资的性质与功能

2.1 农田水利基础设施的特点与分类

2.1.1 农田水利基础设施的定义

基础设施（Infrastructure）是指为社会生产和居民生活提供公共服务的物质工程设施，是用于保证国家或地区社会经济活动正常进行的公共服务系统。它是社会赖以生存发展的一般物质条件。

农田水利基础设施简称农田水利，始见北宋熙宁二年（1069）颁布的水利法规《农田水利约束》。《史记·河渠书》中已有水利一词，当时主要指农田水利，包括灌溉和排水。灌溉一词起源亦早，《庄子·逍遥游》有“时雨降矣，而犹浸灌”，《史记·河渠书》有郑国渠“溉泽卤之地四万余顷”的记载。在《汉书·沟洫志》中，溉、溉灌与灌溉三词并用，同指灌溉农田，灌溉一词沿用至今。排水的排字意为排泄。《孟子·滕文公上》有“决汝、汉，排淮、泗”；《汉书·沟洫志》有“排水泽而居之”等语。

农田水利的涉及面非常广泛，包括农学、水力学、土木工程学、土壤学及农业经济等众多学科，其目的就是通过综合运用各种先进的理论及技术，提高土地利用率，以达到农业的高产稳产。《辞海》对“农田水利”一词则作如下解释：“为农业生产服务的水利事业，基本任务是通过各项水利技术措施，改造对农业生产不利的自然条件，合理充分地利用降雨、地表水和地下水，以调节农田土壤水分状况，保证作物稳产高产；调节区域水情，防治洪、涝、旱碱等自然灾害，保证农业生产全面丰收。”可以看出，农田水利的定义侧重其为农业生产服务的功能性考虑。主要涉及灌溉和排水，兼及中小型河道整治，塘坝水库及圩垸建设，低产田水利土壤改良，农田水土保持、土地整治以及农牧供水等。由于各农业地区的自然条件和生产方式千差万别，需要进行农业水利区划和相应的灌排系统规划。农田水利还包括一些具有明显地区特征的类型，如黄淮海平原旱涝碱综合治理、盐碱地改良、圩区水利、牧区水利和垦荒水利等。

2.1.2 农田水利基础设施的特点

（1）公共性。依据公共经济学理论，社会产品可分为公共产品和私人产品。萨缪尔森在《公共支出的纯理论》中提到，纯粹的公共产品或劳务是指每个人对这种产品或劳务的使用不会因为其他人消费这种物品或者劳务而减少。公共产品与私人产品的区别主要表现在以下两个方面：①消费的非竞争性。增加一个人的消费不会增加成本，即边际成本为0。②受益的非排他性。如果要排他，成本很高或技术上不可能。由此判断，凡是严格具有以上两个特征即非竞争性和非排他性的产品属于纯公共产品。可以由个别消费者占用的，具有竞争性和排他性的产品就属于私人产品，介于两者之间的称为准公共产品（见表2－1）。

表2－1 产品的分类

特征		排他性	
		有	无
竞争性	有	私人产品	准公共产品 如：公共资源或共有资源
	无	准公共产品 如：俱乐部产品或自然垄断物	纯公共产品

具有纯公共产品性质的农田水利基础设施主要包括大型防洪排涝工程、江河治理工程、水生态保护等。纯公共产品主要由公共财政出资，政府提供。具有私人产品性质的农田水利设施极少，这类产品主要由私人修建，私人专用，如微小型水井等。农田水利基础设施绝大多数属于准公共产品，介于纯公共产品和私人

产品之间，使用和消费局限在一定地域中，受益范围有限，也可能是存在着“拥挤效应”和“过度使用”情况，消费有竞争性。其主要作用在于提供农业和农村用水，改善农业生产条件，促进农业农村发展，具有明显的公共性特征，即公共使用，共同受益。

（2）流动性。与普通的公共品不同，农田水利基础设施并不是单纯固着在特定的空间上，而是通过流动实现其排灌的整体功能。就像是水库建在上游，但是下游的居民也受其影响。农田水利基础设施在水的流动中实现其效用的流动性，这种流动性在实质上是一种外部性，管理得当能获得外部收益，管理不当会造成外部损害。因此，必须有一个超越个体家庭的组织来统筹水利事业，对流动的水进行规划，保持着水的可用流动性。从而使得大水利的水能够流到村社，并最终流到每家每户的农田。一旦基层组织弱化，大水利与小水利就脱节了，水利的流动性就被破坏了，农民只能“望水兴叹”。

（3）整体性。水利的流动性决定了其整体性。意图对农田水利基础设施的分割，只能导致水利整体失去效用或只有极少的功能。这就使得农田水利基础设施不能通过部分分割的方式，将各个部分像普通商品一样进行市场买卖，因为这样的水利设施将不再具有原有的价值。若要将整个农田水利基础设施商品化，任何单独的个体都难以承担整个水系的运作成本。只有通过基层组织的统一协调，将水利作为整体承揽下来，才能统一分配给每个农户。

（4）管护的多次性。农田水利基础设施是一种特殊的基础设施，它要求自建成之日起，必须有相关人员经常进行管护才可正常使用。也就是说，对于水利设施的管护是每年都要定期开展的活动，甚至是组建专门的管护团队，只有这样才能保障水利的通畅。因为基层组织能够较好地接应与整合农户，由它来统一进行管护具有最大的合理性。在基层组织较完备的农村，至今依然由组长带队，每年对水渠加以维修。在基层组织不完善的情况下，农田水利设施陷入难以维修或无人维修的境地，导致最后“一公里”缺位。

（5）非对称性。首先，农田水利的流动性使其出现了上下游的关系，上游具有天然的优势，因为水总是要先经过上游的田，只有在满足了上游的灌溉需求之后，下游才能分到一些水。当整个水系的水不够充足时，上游就会想办法先满足自身用水，通常水还没流到下游就干了。天然的地理优势使上游在非对称格局下降低合作意愿，只愿意承担最少的水利成本；而下游受制于生计，只能多付成本。水利利益的不均衡决定了自发合作协商在极端条件下走向破裂，因为谈判成本远超弱势地位者所愿付出的成本。其次，农田水利基础设施的投资者和使用者之间也存在非对称性。由于农田水利基础设施公共产品的性质，导致部分非政府投资的农田水利基础设施存在“搭便车”现象。农田水利基础设施的使用者并非都是农田水利基础设施的投资者，或者是在政府出资的农田水利基础设施使用中，存在不同收益相同缴费的情况。

2.1.3 农田水利基础设施的分类

（1）按照功能来分。农田水利基础设施种类繁多，按照其功能大致可以分为灌溉水利设施和排水水利设施。灌溉水利设施主要用以补充土壤水分，防止在自然降水不足时弥补农业用水短缺；排水水利设施主要用以排涝，即在短时间内将农业土地上的多余水分排除。

1）灌溉水利设施。灌溉水利设施一般是由灌溉渠道工程、渠系建筑物和灌溉泵站渠道或输水管道组成，按性质可将其分为渠道灌溉系统和管道灌溉系统。渠道灌溉系统又由灌溉渠首工程、输配水工程、田间灌溉工程组成。灌溉渠首工程主要包括水库、水泵站、引水工程和水井等提供水源的设施。输配水工程主要包括渠道和渠系建筑物。跌水、渡槽、陡坡、涵洞、倒虹吸管、量水建筑物以及沉沙池等是最常见的渠系建筑物。田间灌溉工程则主要是临时性的田间渠道，垄沟及分水、量水建筑物。管道灌溉系统主要包括喷灌系统、滴灌系统、低压管道输水灌溉系统。管道灌溉系统由取水加压设施、输水管网和出水装置组成。渠道灌溉和管道灌溉的选择需要结合地理条件、用水需求和工程造价等多方面因素进行综合考量（见图 2－1）。

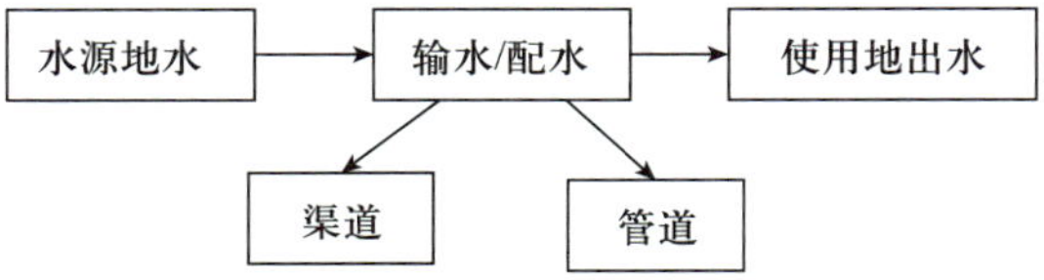

图 2－1　灌溉水利设施的基本结构

2）排水水利设施。排水水利设施主要用以治渍、除涝及控制地下水位，包括田间排水调节网、各级排水沟（管道）及其建筑物、排水泵站、排水容泄区堤防建筑等。田间排水调节网有明沟、暗管、竖井和鼠道排水等。排水沟也被分为干、支、斗等不同级别，排水沟的级别和数量可以根据排水需要相应增减。容泄区的堤防建设也是排水水利设施建设的主要部分，一旦容泄区堤防出现问题，正常的排水可能造成二次淹涝。

（2）按照规模来分。农田水利基础设施按照其规模大小可以分为大中型农田水利设施和小型农田水利设施。通常情况下，以大型水库、水泵站为基础，为几个乡、县、市提供水资源供应的水利项目就是大中型农田水利基础设施，其所提供服务的地区就形成了大中型灌区。小型农田水利基础设施是指辐射和服务范围窄、规模小、建设投资额度少、受益对象有限、在农业生产中使用的水利设施。与大中型水利设施比较而言，小型农田水利设施承担的社会、经济责任较小，产生的作用较弱，涉及的利益主体关系简单。

具体而言，小型农田水利基础设施灌溉面积一般在1万亩以下、除涝面积一般在1.3万亩以下、渠道流量一般在每秒一立方米以下。可分为下列类型：塘坝、水窖、水池、小水库等一些可以蓄水的设施；引水闸截潜流、小型拦河闸坝等一些可以引水的设施；闸门、管道、渠道等一些可以配水输水的设施；倒吸虹、隧洞、渡槽、桥涵等可以渠系的设施；机井、泵站等一些可以提水的设施；闸阀、喷灌、畦、灌水沟、“小白龙”、滴灌等一些田间可以灌水的设施；保护村镇、农田的小型河道堤防等以下可以防洪的设施；排水沟、地下暗管、排涝泵站、排水闸等一些可以排涝除渍的设施等。

（3）按照性质来分。按照水利设施的消费性质，并根据其消费的排他性和竞争性程度，可以进一步对农田水利设施细分为三类：第一类是同时具有非排他性和非竞争性的水利设施，如以防洪为主的水库、大型的排涝工程、大型的灌溉工程等，该类设施通常被认为是纯公共产品；第二类是具有消费的排他性但不具有竞争性的水利设施，如小型水利灌溉工程等，该类设施通常被认为是准公共产品；第三类是一些私人修建的水利设施，如私人开挖的机井、占有的堰塘以及自用的小潜水泵和水管等灌溉用具，这属于私人产品（见表2－2）。

（4）按照收费机制来分。根据是否有收费机制作为区分条件，将农田水利基础设施项目区分为经营性、准经营性和非经营性项目三类（见表2－3）。不同项目的市场化程度、投资主体的归属、具体运作模式、资金来源及项目权益的归属等存在差异。

表2－2　农田水利基础设施的分类

划分标准	类别名称	不完全举例
功能	灌溉水利设施	灌溉渠道工程、渠系建筑物和灌溉泵站渠道或输水管道等
	排水水利设施	田间排水调节网、各级排水沟（管道）及其建筑物、排水泵站、排水容泄区堤防建筑等
规模	大中型农田水利设施	大型水库、水泵站等
	小型农田水利设施	塘坝、小型拦河闸坝、渠道、机井、喷灌、排水沟等
性质	纯公共产品	防洪为主的水库、大型的排涝工程、大型的灌溉工程等
	准公共产品	小型水利灌溉工程等
	私人产品	私人开挖的堰塘、机井、自用的小潜水泵等

表2－3　农田水利基础设施的项目区分及投资主体界定

项目类别	经营系数	投资主体	投资运营模式	农田水利基础设施举例
非经营性项目	$a=0$	政府财政、村集体	政府、村集体投资运营	农田水渠、灌溉渠道、防洪工程
准经营性项目	$0<a<1$	政府或政府与社会资本合作	政府和社会资本合作投资运营	水库、山坪塘、提灌站
经营性项目	$a>1$	社会资本	社会资本自行投资运营	水泵站、机井、小水电

经营性基础设施项目可以通过市场进行配置实现利润最大化，有收费机制，有资金流入，是社会资本进入的最佳领域。这一领域中的投资主体享有决策自主权，政府只对关键性的数量、价格、质量等进行规定。经营性项目的投资者进行的是经营性投资，以盈利为目的，其投资绩效评价主要考量经济收益。

准经营性基础设施项目具有一定的公益性，也有收费机制和资金流入，但是项目产生的现金流难以弥补成本，需要政府财政提供补助或共同参与。这种项目通常都是政府与社会资本进行合作投资的，现行的PPP（Public Private Partnership）模式就非常适用于准经营性项目，政府与私人组织之间签订一种特许权（经营权和部分所有权）协议，形成一种合作伙伴关系，共享利益、共担风险。

非经营性项目有较高的社会效益和环境效益，但无收费机制和资金流入，这类项目只能由政府财政直接投资，并配以固定的税收或收费作为保障。非经营性项目由政府投资管理，在投资管理的过程中也主要以公益性为导向，因此可能出现低效率。可以采用投资管理分离的模式改善这一现象。

然而，这三种类型的项目区分并不是绝对的，它们可以通过改变收费机制和收益实现相互转化（见图2－2）。某些非经营性项目随着经济发展程度的提高，在开始增加收费机制以后可以转变为准经营性项目，甚至是经营性项目。而某些经营性项目由于社会资本预期不到位，政府投资介入，降低收费标准，甚至是取消收费，最终也可能变为准经营性项目或非经营性项目。因此在对项目进行区分后要定期对项目性质进行重估，以调整其投资绩效的评估标准。

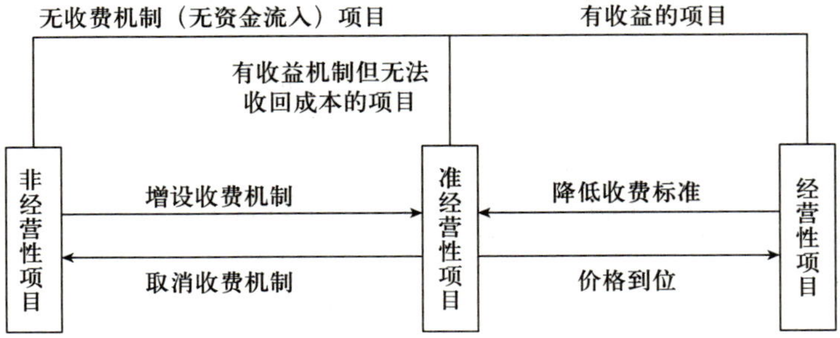

图2－2　三类项目的关系

2.2　农田水利基础设施投资的性质

要科学、客观地评价农田水利基础设施投资绩效，量化农田水利基础设施投入产出关系，必须首先对农田水利基础设施投资性质进行分析。主要表现在：

2.2.1　投资效益的外部性

外部性指的是一个经济主体（生产者或消费者）在自己的活动（生产或消费）中对旁观者的福利产生了有利或者不利的影响，这种有利影响带来的收益或不利影响带来的损失，都不是生产者或消费者本人需要承担的[①]。农田水利基础

① 阿弗里德·马歇尔．经济学原理［M］．北京：华夏出版社，2005.

设施投资由于其产业属性，具有明显的效益外部性。因为其投资效益并非全部在水利系统内部反映出来，更不是全部由投资的水利部门受益，而是在产业循环中转嫁到了其他行业和部门。

此外，由于农田水利基础设施的多功能性，外部正效应特征非常明显。例如，农户个人修筑小塘坝，一方面可以储蓄商品水，为投资者创造收益；另一方面还可以改善塘坝周围的涵水条件和小气候，增加周围土地的产出和收益，这就是效益外溢。由于对外产生的利益是非排他性的，导致没有价格可言，因此行为人没有因为产生的外部利益而得到奖励，所以在决定生产数量的时候，没有考虑外部利益的动机。一般情况下人们在决定生产数量的时候，遵循的是边际成本（MC）等于边际收益（MR）的原则，在忽视外溢给他人的边际收益，仅考虑自身的边际收益时，产品的最终生产数量会低于其最优数量，也就是资源配置失当或帕累托最优失效。由于农田水利设施具有相当普遍的外部正效应，因此尽管其社会效益普遍见好，但本身收益率却普遍见差。

2.2.2 投资产出的长效性

农田水利基础设施的投资具有长效性，产出效益往往不能立竿见影，需要整套农田水利基础设施适应当地农业整体发展后才能有成效。这个适应期往往较长，导致投资效果显现出来的时间也较长。比如说某些山区的水窖建成后在相当长的时间不能得到充分利用，但一旦利用起来后农业用水得到了充分保障，整体农业产出也获得了稳定性。

农田水利基础设施投资效果的发挥还与遭遇的水文年份有关，这常常需要较长的一个周期才能得以体现。极端天气下才能检验所建设的农田水利设施是否具备所承诺的效果，是否有助于在极端天气下保护农业。例如修建的小型水库只有蓄水量和泄洪量达到极端天气的要求，才能保证农民不会造成过多损失。而这种极端天气往往是百年一遇，千年一遇。

另外，农田水利工程建成后，只要运用得当、管理科学，往往能在几十年甚至更长的时间内连续不断地发挥效益。都江堰就是典范，它在上千年的历史变迁中不断地滋养着蜀地，为四川的农业发展提供了强有力的支撑。

2.2.3 投资经营的自然垄断性

农田水利基础设施的生产经营方式和资源开发模式都具有非常明显的自然垄断性。农田水利基础设施只能由超越个体家庭的组织来统筹管理和运营，大部分都是政府出资或主导的。农田水利基础设施的服务对象和服务范围一般不需要通过市场竞争来确定，而是随着工程建设地点的选定而随之确定。水利工程经营的自然垄断性，也使水利投资效益具有更加鲜明的个性化特征。

农田水利基础设施投资经营的垄断性也来源于其需求的固定性。一个地区对于农田水利的需求基本上是固定的。只要这种需求得到满足，就不会产生新的需求。但是一旦这种需求关系破裂，这种垄断性就会遭遇前所未有的危机。比如一个村组有一部分人开始不满公用水利基础设施的收费标准，决定退出公用基础设施的使用并自行修建私人水利设施，那么最后会导致私人水利设施的盛行和部分公用水利基础设施的荒废。这种自然垄断性就演变成了无意义的垄断，最后被瓦解殆尽。

2.2.4 投资收益的不确定性

农田水利基础设施投资的预测与决策是建立在不可能完全包容未来时期变化的已有数据的基础上。因此，投资活动从开始便有了一定的不确定性因素。这是一切投资活动都具有的基本特性。首先，当地自然条件、农业发展方向、水利政策等的变化都会影响农田水利基础设施投资收益。其次，水利投资建设周期越长，可能出现不确定因素的概率就越大，尤其是其中的不可控因素将极大地影响投资收益。如建设过程中突然遭遇的地质灾害和极端天气都会影响农田水利基础设施的建设进度和投资成本。

农田水利基础设施投资产出的长效性，使得投资收益的不确定性进一步提高。投资收益的不确定性影响着农田水利基础设施领域社会资本的进入意愿。当政府政策向好和政府资本有相应投入时，社会资本往往更愿意进入这一投资领域。而这种意愿也对农田水利基础设施的发展有促进作用，更多资本的涌入能促进农田水利基础设施领域投资的规范化和经营的效率化。

2.3 农田水利基础设施投资的功能

投资是经济增长的基本推动力，通过要素投入、资源配置、技术进步来实现。本书对农田水利基础设施投资的功能从优化资源配置、协调经济外部性、缓解集体行动困境三方面进行理论分析。

2.3.1 有利于优化资源配置

资源优化配置是福利经济学的主要研究内容，即研究不同要素在不同厂商之间的最优分配及不同产品在不同家庭之间的最优分配。关于资源的配置，福利经济学首先提出了一个概念——帕累托最优状态。这种状态就是，在不改变总量的条件下，没有任何一种改进的方法能使现在状况的一部分变好，而不会导致另一部分变坏。这种帕累托最优状态又被称为经济效率，即满足这种状态的就是具有经济效率的，否则缺乏经济效率。

实现经济效率必须满足三个条件：生产的最优条件、交换的最优条件和生产与交换的最优条件。生产的最优条件要求所有厂商的边际技术替代率相等（$MRT_{XY}^{A}=MRT_{XY}^{B}$），交换的最优条件要求所有消费者的边际替代率相等（$MRS_{XY}^{A}=MRS_{XY}^{B}$），生产与交换的最优条件要求厂商的边际技术替代率与消费者的边际替代率相等（$MRS_{XY}=MRT_{XY}$）。即在效用水平不变的条件下，生产者因增加某种要素的使用量而减少的另一种要素的使用量与消费者对某种要素消费量的增加而减少的另一种要素的消费量相等。也就是说在实现经济效率的状态下，不可能通过对要素比例的调整而获得更大的效用。但这三个条件只有在完全竞争的状态下才能得到满足。

在现实条件下，要素的合理分配对于经济效率来说至关重要。为了度量这种分配的合理程度，项目资源配置效果引入了一种经济效率指标 EEI（Economic Efficiency Index）。它主要考量要素的投入和产出的比率：$EEI=\frac{PV(output)}{PV(input)}$。PV（output）为项目资源配置效果的现值（The Present Value of output）；PV（input）

为项目资源投入的现值（The Present Value of input）。资源的优化配置所要实现的最优分配就是要使经济效率指标最大化，因此项目资源优化配置的评价标准是：$maxEEI=\frac{max(PV(output))}{PV(input)}$。

从上述公式分析，要想实现资源配置的最优化，必须最大化要素地投入产出比。这有两种途径实现：一是减少投入，二是增加产出。减少投入要求生产者形成规模效应，减少投入成本；改进技术，提高投入效率。增加产出则要求在后续的营运中保持合理的管理和规划。在农田水利基础设施的投资中就是要合理规划，弄清农田水利基础设施的辐射范围，以此作为基础确定建设的规模和投入的资金成本。同时提高经营管理效率，确保产出最大化。具体而言，农田水利基础设施投资优化资源配置主要体现在：在空间上，通过不同区域水利基础设施配置，改善空间分配不均，有利于优化水资源在农村与城市、农业与工业以及全国不同区域之间的配置；从时间上，通过蓄水、排水等，可以调节雨水资源在不同时期降水不均而造成的丰水和缺水现象，从而减少旱、涝灾害的发生。

2.3.2 有利于协调经济外部性问题

1890 年马歇尔在《经济学原理》一书中首次提出了“外部经济”的概念。他用“外部经济”和“内部经济”这一对概念来解释“工业组织”这一要素的变化如何导致产量的变化。马歇尔认为“有赖于从事这工业的个别企业的资源、组织和效率的经济”就是外部经济，并且“总生产量的增加，常会增加它所获得的外部经济，因而使它能花费在比例上较以前为少的劳动和代价来制造货物”。通俗地来说，外部经济就是由于企业外部的各种因素所导致的生产费用的减少。

福利经济学家庇古从马歇尔的“外部经济”概念出发，扩充了“外部不经济”这一概念。他认为外部不经济是边际私人净资产与边际社会净资产的背离。边际社会成本是边际私人成本与边际外部成本之和，边际社会收益是边际私人收益与边际外部收益之和。如果每一种生产要素在生产中的边际私人净产值与边际社会净产值相等，它在各生产用途的边际社会净产值都相等，而产品价格等于边际成本时，就意味着资源配置达到最佳状态。社会福利最大化的状态通过自由竞争是无法达到的，只有通过政府的适当经济政策才能实现。即在边际私人成本小于边际社会成本时对企业征收“庇古税”，在边际私人收益小于边际社会收益时给予企业补贴。科斯则通过对庇古的批判提出了“科斯定理”，进一步完善了经济外部性理论。“科斯定理”主张，如果交易费用为零，资源的最优配置可以通过市场交易和自愿协商达到；如果交易费用不为零，制度安排与制度选择很重要。经过科斯修正的实现社会福利最大化的对策，用图2－3表示如下：

交易成本
- 不为零
  - $MRC_P < MRC_S$，征收“庇古税”
  - $MRR_P < MRR_S$，给予补贴
- 为零——市场交易和自愿协商

图2－3　实现社会福利最大化的对策

其中 MRC_P 表示边际私人成本，MRC_S 表示边际社会成本，MRR_P 表示边际私人收益，MRR_S 表示边际社会收益。

由于这种“外部经济性”的出现，使得当事人的成本和收益不相符。农田水利基础设施的私人投入经常出现不足的情况，正是因为农田水利基础设施的社会收益高于其他产业部门的社会收益，但是其私人收益率却要低于其他产业部门的私人收益。同时，“外部经济性”的人际影响机制存在于价格机制之外，所以这种人际间的互相影响也不能通过价格机制来实现，社会也只能通过其他途径加以解决。但往往会导致新的问题出现，比如囚徒困境或者公地悲剧等。所以必须通过全新的制度来使其经济外部性内在化，从而增加社会净收益。

农田水利基础设施投资的社会收益是私人收益和外在社会收益的总和。由于农田水利基础设施投资的社会收益与私人收益不对称，假如在没有政府干预的时候，一个社会次优的投资水平是由市场经济中行为主体分散的投资决策导致的，也就是说导致供给水平不足，由此造成社会的无谓损失是因为正外部性的农田水利基础设施处于市场竞争条件下（见图2－4）。

$$MSR = MR + MER$$

式中，MR是私人投资的边际收益曲线，MC是农田水利基础设施的边际成本曲线，MER是边际外在收益曲线，MSR是社会边际收益曲线。在完全竞争的市场条件下，农田水利基础设施的供给水平为 Q_1，而在政府干预条件下的供给为 Q_2，并且 $Q_2 > Q_1$，在完全竞争条件下的无谓损失为 $S_{\triangle ABC}$，也就是外部性所产生的社会成本为：

$$S_{\triangle ABC} = \int_{Q_1}^{Q_2} (MSR - MC)\,dQ$$

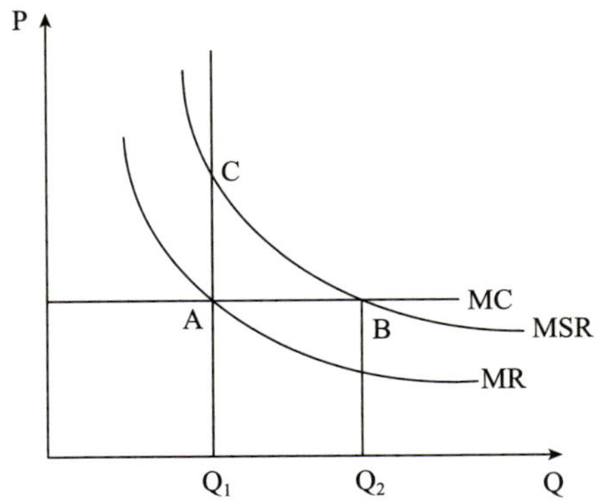

图 2-4　外部经济带来的社会成本

农田水利基础设施由于其产业属性，投资收益具有明显的外部性，不仅农业受益，农田水利在产业循环中转嫁到了其他行业和部门，而且社会受益，对于增加农民收入、改善生态环境、确保粮食安全和水利安全等具有重要意义。

2.3.3　有利于缓解集体行动困境

传统的集团理论者往往认为内部集团存在的目的是增加成员的收益，是一种具有共同利益的成员所采取的集体行为。奥尔森却不这么认为，他在《集体行动的逻辑》一书中写道："有共同利益的个人组成的集团通常总是试图增进那些共同利益，这一点至少在涉及经济目标时被认为是理所当然的。然而实际上，除非一个集团中人数很少，或者除非存在强制或其他某些特殊手段以使个人采取行动以实现他们共同的或者集团的利益。"① 他从公共物品理论、理性人假设和个人主义出发，认为个体理性会导致集体非理性，从而导致集体行动困境。

个体理性表现在追求自身短期利益，集体理性则注重集体长远利益。如果个体的愿望表达强烈，每个人都依据成本—收益来权衡是否参与集体行动，那么所组成的集体就会偏离集体理性。农田水利基础设施供给中出现的过度使用、老化失修、管理混乱等现象都可以在集体行动的困境中找到解释的答案。由于存在集体行动的逻辑困境，在农田水利设施供给和管理维护中私人（包括农户）只能

① ［美］奥尔森．集体行动的困境［M］．陈郁等译．上海：上海人民出版社，1995.

投入有限的精力和资金。私人从个体理性出发来参与农田水利基础设施决策时，就会产生集体的非理性，最终两者间的利益冲突造成了农田水利基础设施供给的困境。

奥尔森为破解集体行动困境提出了两种路径，一个是集团规模够小，另一个是集团存在强制或选择性激励。集团的规模越小，集体行动执行更有效率；集团成员之间非对称性越强，集体行动越容易实施。在集团规模可控的前提下如何保证小集团的有效性？第一，控制成员的数量，使之相对较少。例如，在农村有时以村为单位人数过多，不妨以生产大队或小组为单位。第二，提高成员之间的相容性。提高小集团中成员之间的身份认同感，成员会更愿意放弃物质收益而追求精神收益，减少“公地悲剧”的出现。第三，提高成员之间的非对称性。需求的差异化能避免相同利益需求分配不均的冲突。

除了控制集团规模，还有一种破解集体行动困境的方法，它需要改变集体非理性的状态，对集团成员进行选择性激励，促使个体利益与集体利益保持一致。选择性激励理论认为激励的方式不仅包括经济激励，还包括社会激励，有时候人们希望得到非经济激励，例如声望、尊重、社会地位和心理满足感。在农田水利设施供给中也可以发现这样的例子，假如一个村庄要修建一口水井供农户灌溉所用，而其中有些人不愿承担提供这个公共物品的负担，那么即便他们能在经济上比别人多一些收益，但其行为会导致社会地位下降，这一社会损失可能超过经济受益。因此这种社会激励会阻止村民“搭便车”。从这个例子中可以看出，选择性激励除了正向激励以外，还有惩罚的负向激励。合作的人受到接纳，不合作的人会被排斥。

奥尔森认为选择性激励促使集体行动一致，需要通过“选择性激励”物品，并对这种物品作了一些限定。第一，必须是非集体物品，收益能实现私有化；第二，具有可兑换性，具有交换价值；第三，物品收益价值大于搭便车的收益；第四，物品被实施选择性激励者所控制，不能无代价地轻易获得。总之这一物品必须有极高的价值，并能私有化。除了对选择性激励的物品提出要求，奥尔森认为进行选择性激励的组织也必须是具有强大的控制力，能够运行强制性措施，不能强调均等主义、权力分散化。这也是为什么农田水利的管理中有拥有一定权力的人作为负责人的时期往往比自主管理时期要管理得好的原因。

社会科学家的假设往往太过苛刻，他们假设一个具有共同利益的群体一定会为实现这个共同的利益而采取集体行动。利益集团成员目标的共同性使集团目标的实现成为这个集团的公共利益，然而在这种情景中容易产生搭便车激励，造成集体行动效率的下降。因此，奥尔森认为当“搭便车”现象存在时，理性、自利的个人一般不会为集体利益而努力，集体行动的实现很困难。集体规模较小时，集体行动比较容易产生；但随着规模的扩大，集体行动会越来越困难。奥尔森的理论很好地解释了我国农田水利设施，尤其是末端的农田水利设施为何无人管理、维护，农户为何缺乏不参与农田水利设施建设动力的原因。

农田水利基础设施的投资主体包括中央政府、地方政府、村集体组织、非政府组织、新型农业生产经营主体、传统农户等。在农田水利基础设施的投资和使用过程中，由于农田水利基础设施的公共性、流动性、整体性、管护的多层次性、非对称性等特点，以及投资效益的外部性、产出的长期性、经营的自然垄断性、收益的不确定性等投资性质，导致这种集体行动困境普遍存在。例如村里集体投资修建水利设施时，总有人以各种理由拖缴、欠缴资金，为了能尽快投资建设使用，集体里的大多数人会放任这种拖缴、欠缴者，以至于拖缴、欠缴者最终也能用上水利设施。但是由于这些人的不合作、不积极，大大降低了投资的效率和其他投资者的积极性，最后的结果是所有人都想成为“搭便车”者，进而阻碍农田水利设施建设和农业发展。而政府的投入容易形成规模和辐射效应，是解决集体行动困境的有效和必需举措。

第3章　我国农田水利基础设施投资的历史与现状

自新中国成立以来，我国农田水利事业取得了长足发展，逐步形成了集防洪、排涝、灌溉、水土保持和养殖等为一体的农田水利工程体系。随着现代投资制度的逐渐完善以及水利改革的不断深入，农田水利投资开始向多元化、多层次、多渠道的投资结构转变，投资来源从主要依靠财政资金转变为依靠财政资金、贷款、社会筹资等多种渠道，投资方式也由直接投资转变为直接投资与间接投资相结合，这些措施对新时期农田水利建设具有极大的促进作用。

3.1　新中国成立后我国农田水利基础设施投资的历史回顾

3.1.1　1949~1979年：农田水利基础设施投资快速增长期

新中国成立后到实行改革开放、家庭联产承包责任制以前的这段时期，随着国内社会经济形势以及农业生产生活的变化，虽然期间经历了波动，但我国农田水利建设总体上快速增长。1958~1962年水利基建投资达到135.7亿元，占农业基建投资比重高达71.2%。1966~1975年占比也在67%以上（见表3-1）。具体来说，又分为三个不同的阶段：

表 3-1　1953~1979 年我国水利基本建设投资情况

年份	农业基建投资（亿元）	农业基建投资占基本建设投资比重（%）	水利基建投资（亿元）	水利基建投资占农业基建投资比重（%）
1953~1957	41.8	7.1	24.3	58.1
1958~1962	135.7	11.3	96.6	71.2
1963~1965	74.5	17.6	28.9	38.8
1966~1970	104.3	10.7	70.1	67.3
1971~1975	173.1	9.8	117.1	67.7
1976~1979	246.1	10.5	157.2	63.9

资料来源：《中国农业统计资料汇编》（1949~2004）、《中国农村统计年鉴》（2009）、水利部历年《中国水利公报》。

（1）农田水利基础设施高速增长时期（1949~1960 年）。新中国成立后的头 10 年，随着社会主义经济体制的建立，国民经济发展处于快速恢复时期，政府为解决长期战争导致的粮食短缺问题，为增加粮食生产，把改善农业生产条件，增强农业抵抗自然灾害能力，恢复和建设农田灌溉基础设施作为政府工作的重心。这一时期我国农田水利事业以较快的速度发展，政府为支持农田水利发展，水利基本建设投资（1990 年实际价）从 1951 年的 5 亿元增长到 1960 年的 75 亿元，年均递增 27.9%，是新中国成立以来水利基建投资增长最快的时期，同时期全国基建投资年均递增 26.8%，水利基建投资与全国基建总投资基本上同步增长，水利基建投资占全国基建投资总额的比例平均为 6.3%①。随着农田水利快速增长，有效灌溉面积从 1949 年的 1.59 亿平方公里增长到 1960 年的 3.51 亿平方公里，年均递增 7.4%，有效灌溉面积占耕地面积的比重从 16.3% 增长到 33.5%，是新中国成立以来增长速度最快的时期。自然灾害成灾面积占受灾面积比重快速下降，1958 年相对于 1950 年下降了近 50%。自然灾害以水灾和旱灾为主，其成灾面积占受灾面积比重下降均很快，由于三年自然灾害的影响，比重逐渐回升，但总体上远远低于 1950 年的水平（见表 3-2）。这说明农田水利基础设施建设在低于自然灾害、增强减灾抗灾能力方面发挥着十分重要的作用。

① 周玉玺，胡继连，周霞．农田水利基础设施供给制度选择［J］．改革，2005（3）：59-65.

表3-2　1950~1962年自然灾害受灾情况表　　单位：万公顷

自然灾害成灾和受灾面积				水灾			旱灾		
年份	自然灾害受灾面积	成灾面积	成灾占受灾面积（%）	受灾面积	成灾面积	成灾占受灾面积（%）	受灾面积	成灾面积	成灾占受灾面积（%）
1950	1001	512	51.1	656	471	71.8	240	41	17.1
1958	2096	782	25.3	428	144	33.6	2236	503	22.5
1959	4463	1373	30.8	481	182	37.8	3381	1117	33
1960	6546	2498	38.2	1016	498	49	3813	1618	42.4
1961	6175	2883	46.7	887	540	60.9	3785	1865	49.3
1962	3718	1667	44.8	981	632	64.4	2081	869	41.8

资料来源：《中国统计年鉴》（2016）。

（2）农田水利基础设施衰退期（1960~1965年）。该时期农田水利投资出现递减趋势，水利基建投资从1960年的75亿元减少到1965年的21亿元，年均递减22.5%，全国基建投资年均递减率为15.4%，水利基建投资递减速度远大于全国基建投资递减率，水利基建投资占全国基建投资总额的比例平均为8.3%。同期有效灌溉面积从1960年的3.51亿平方公里降低到1965年的3.31亿平方公里，年均递减1.2%，有效灌溉面积占耕地面积比重从1960年的33.5%递减到1965年的31.9%。这说明政府水利基建投资对农田灌溉规模变化有显著影响。

（3）农田水利基础设施稳定增长时期（1965~1979年）。该时期水利基建投资增长速度也比较快，从1965年的21亿元增长到1979年的75亿元，年均递增9.5%，高于全国基建投资年均递增7.7%的水平，水利投资占全国基建投资总额的比例平均为7.1%。1976年全国机电排灌动力总功率达5400多千瓦，是1965年的6倍。同期，有效灌溉面积从1965年的3.31亿平方公里逐渐增长到1979年的4.50亿平方公里，有效灌溉面积占耕地面积的比重从1965年的31.9%递增到1979年的45.2%，年均递增率为2.2%。从表3-3可以明显看出，从“二五”计划开始到20世纪70年代初是我国农田水利建设非常好的阶段，除三年调整时期外，土方、石方、混凝土等实物建设量大大增加，“五五”时期分别达到69.32亿方、8.29亿方、3409.25万方，为历史最高水平，对我国农村农田灌溉起到了非常关键的作用。

表 3-3 “一五”到“五五”时期水利建设实物量情况

时期	土方（亿方）	石方（亿方）	混凝土（万方）
“一五”时期	17.59	0.26	264.58
“二五”时期	87.41	5.26	1331.03
三年调整时期	12.95	0.68	434.42
“四五”时期	52.97	5.11	1900.25
“五五”时期	69.32	8.29	3409.25

资料来源：《中国水利年鉴》（1990）。

3.1.2 1980～1988 年：农田水利基础设施投资停滞期

自 1978 年以来，我国农村经济体制改革极大地推动了农村经济的发展，但是，该时期农田水利事业与农村经济发展相反，出现了我国经济体制改革以来的停滞甚至倒退现象。该时期水利投资从 1979 年的 75 亿元递减到 1988 年的 28 亿元，年均递减 10.4%，同时期全国基建投资年均增长 6.6%，水利基建投资仅占全国基建投资的 2.7%，达到历史最低水平。有效灌溉面积从 1980 年的 4.49 亿平方公里降低到 1988 年的 4.44 亿平方公里，年均递减 0.14%。此外，由于集体经济的弱化，农田水利设施年久失修，供水效率降低，这也是导致灌溉面积降低的原因之一。

3.1.3 1989～1997 年：农田水利基础设施投资恢复增长期

1980～1988 年有效灌溉面积的持续降低引起了政府和社会的高度关注，从 1989 年开始，中央政府又重新重视农田水利建设，加快水利建设的步伐。一是水利建设投资增加较快。“八五”时期，水利基建投资规模占全国基建总投资的比例分别较前一时期有较快上升，投资额年均增长达 18.2%。二是投资来源呈现多渠道。中央预算内投资所占比例明显降低，年度投资强度加大，银行贷款、外资和地方自筹资金增长较快。三是水利投资加强了大江大河治理。鉴于 1991 年、1994 年、1995 年和 1996 年连续发生严重的洪涝灾害，中央政府启动了治淮 19 项骨干工程建设和治太一期工程建设，相继开工建设了长江三峡和黄河小浪底、万家寨等一批控制性骨干枢纽工程，来缓解该时期我国水旱灾害增加和水资源短缺等问题，有效灌溉面积从1989年的4.48亿平方公里增长到1997年的5.12亿平方公里，年均递增率为1.5%，而该时期的水利基建投资的增长速度年均增长率则达到了21.3%，高于同时期全国基建投资16.9%的年均增长率近5个百分点。但从投资规模来看，占全国基建投资的比例平均为2.8%，仅高于80年代初期。由此可见，农田水利建设增量投资还有很大的空间，水利建设恢复仍处于缓慢局面，农田水利发展任重道远。

3.1.4　1998～2005年：农田水利基础设施投资较快增长期

在这一时期，国家财政农田水利基础设施投资资金快速增长，从1998年的209亿元增长到2005年的312亿元，增长高达49.28%，年均增幅为6.16%。此外，银行贷款也快速增长，从1998年的56亿元增长到2004年的103亿元，增长将近1倍，2005年略有下降但也达到94亿元。2004年农户自筹投资达到最高点296亿元，2005年首次出现企业私人投资50亿元，每年均有一定数量的外资投入，投资资金来源的多渠道促进了农田水利较快发展。农田有效灌溉面积稳定增长，2005年达到5503万公顷，年均增长0.65%，整体上呈现良好态势（见表3-4）。

表3-4　1998～2005年中国农田水利基础设施投资情况

年份	有效灌溉面积（万公顷）	国家财政投入			银行贷款（亿元）	集体农户投资		利用外资
		国家预算内拨款（亿元）	国家预算内专项资金（亿元）	合计		企业私人投资（亿元）	农户自筹投资（亿元）	
1998	5230	99	110	209	56	—	130	21
1999	5316	85	139	224	37	—	141	20
2000	5382	72	215	287	48	—	190	23
2001	5425	89	193	282	33	—	174	27
2002	5436	112	319	431	55	—	249	20
2003	5401	106	234	340	91	—	247	10
2004	5448	129	192	321	103	—	296	12
2005	5503	133	179	312	94	50	191	19

资料来源：《中国水利统计年鉴》（1998～2006），1998～2005年全国《水利发展统计公报》等，部分年份数据来自中华人民共和国水利部、地方政府水利局网站、中国经济网数据中心。

3.1.5 2006～2010 年：农田水利基础设施投资面临挑战期

“十一五”以来随着税费改革的进行和“两工”取消，特别是2006年全国范围内取消农业税，农民负担大大减轻。国家一方面减轻农民负担，另一方面加大农村基本公共服务的供给，让公共财政的阳光普照农村。在农田水利建设方面，2006～2010年农业基建投资10632.8亿元，占基本建设投资的8.2%。水利基建投资7155.9亿元，占农业基建投资的67.3%，比“十五”时期增长1.3个百分点，达到“六五”时期以来的最高水平。但是，由于财力总约束以及水利投资结构不均衡，农田水利投资资金仍显不足。此外，由于农田水利建设的责任主体不明确，各级地方政府对农田水利特别是小型农田水利建设的投入自税费改革试点以来逐年降低，一些年久失修亟待经费投入进行设备更新管理的大型水利工程更是面临着报废失效的局面。另外，这一时期农民的民主意识与自我管理能力尚未匹配，“一事一议”制度在农田水利建设上没有发挥其理念优势，实施上出现困难。最后，社会资本对农田水利投入不够积极，投融资渠道较窄，政府投资的引导和辐射作用有待进一步增强，我国农田水利建设发展面临挑战。

3.1.6 2011 年至今：农田水利基础设施投资跨越期

加快水利改革发展，不仅事关农业农村发展，而且事关经济社会发展全局；不仅关系到防洪安全、供水安全、粮食安全，而且关系到经济安全、生态安全、国家安全。随着水利建设新挑战的到来，面对当前依旧存在的人多水少、洪涝灾害频繁、水资源时空分布不均的基本国情水情，水资源供需矛盾突出仍然是可持续发展的主要瓶颈，农田水利建设滞后仍然是影响农业稳定发展和国家粮食安全的最大硬伤，水利设施薄弱仍然是国家基础设施的明显短板。随着工业化、城镇化深入发展，全球气候变化影响加大，增强防灾减灾能力要求越来越迫切，强化水资源节约保护工作越来越繁重。2011年中央一号文件《关于加快水利改革发展的决定》，进一步明确了新形势下水利的战略地位，推动水利实现跨越式发展。首先，在明确新形势下水利的地位和作用的基础上，为加大农田水利建设投入力度，加速改善农田水利薄弱环节，规定从土地出让收益中提取10%用于农田水利建设；其次，规定农田水利建设资金实行专款专用，不得用于人员经费、公用经费等经常性开支，并重点向粮食主产区倾斜；最后，建立健全农田水利建设资金预决算管理制度，从源头上保证农田水利建设资金使用的可持续性。新时期下的农田水利发展依旧坚持民生优先，以创新发展为指导，努力走出一条中国特色水利现代化道路。

3.2 新时期农田水利基础设施投资的现状

3.2.1 农田水利投资规模不断增加，资金来源日益多元化

自2011年以来，我国水利投资规模不断增加，由2011年的3086亿元增长到2016年的6099.6亿元，增加3013亿元，增长近1倍，年均增幅达16.28%，远高于我国GDP的增速。特别是近年来，地方政府投资总额反超中央政府，2016年前者是后者投资总额的1.73倍，说明地方政府在农田水利建设中承担越来越重要的作用；另外，国内贷款以及企业和私人投资的增加大大促进了农田水利建设，2016年私人投资达424.7亿元，占总投资额的6.96%，比2011年增长了4.67倍（见表3-5）。

表3-5 2011~2016年全国水利投资总额及来源情况 单位：亿元

年份	2011	2012	2013	2014	2015	2016
总额	3086	3964.2	3757.6	4083.1	5452.2	6099.6
中央政府投资	1435.4	2033.2	1729.8	1648.5	2231.2	1679.2
地方政府投资	1223.7	1464.5	1542	1862.5	2554.6	2898.2
国内贷款	270.3	265.6	172.7	299.6	338.6	879.6
利用外资	4.4	4.1	8.6	4.3	7.6	7
企业和私人投资	74.9	113.4	160.7	89.9	187.9	424.7
债券	3.9	5.2	1.7	1.7	0.4	3.8
其他	73.4	78.3	142.1	176.5	131.7	207.1

资料来源：中华人民共和国水利部《2016年全国水利发展统计公报》。

从投资用途来看，自2011年以来，防洪工程、水资源工程等均有较大的增长，其中水土保持及生态建设增长速度最快，6年增长了3.23倍，年均增长53.86%。防洪工程、水资源工程投资规模也增长了近2倍（见表3-6）。

表3-6　2011~2016年水利工程项目构成　　单位：亿元

年份	2011	2012	2013	2014	2015	2016
防洪工程	1018.3	1426	1335.8	1522.6	1930.3	2077
水资源工程	1284.1	1911.6	1733.1	1852.2	708.3	2585.2
水土保持及生态建设	95.4	118.1	102.9	141.3	192.9	403.7
其他	688.1	508.6	585.8	576.1	620.7	1033.7

资料来源：中华人民共和国水利部《2016年全国水利发展统计公报》。

3.2.2　防洪排涝体系初步建成，农业生产基础设施逐渐改善

近年来，各级政府高度重视农田水利基础设施建设，加大财政投资规模和力度，建成大批节水灌溉新工程，在治理改善旱涝灾害方面取得了突出成效。整体上看，大中小型水库数量和容积量呈稳步上升趋势，截至2016年，全国已建成水库98460座，其中包括大型水库720座，中型水库3890座，小型水库93850座，比2000年新增13340座，增长15.67%，水库的蓄水能力从5184亿立方米上升到8967亿立方米，增长72.97%，年均增长4.29%（见表3-7）。水库体系的形成和蓄水能力的大大增长，有利于防洪排涝，以及缓解农业生产和农民生活用水困难。

表3-7　2000~2016年按规模分水库投资情况

年份	2000	2005	2010	2012	2013	2014	2015	2016
水库（座）	85120	85108	87873	97543	97721	97735	97988	98460
大型水库	420	470	552	683	687	697	707	720
中型水库	2704	2934	3269	3758	3774	3799	3844	3890
小型水库	81996	81704	84052	93102	93260	93239	93437	93850

续表

年份	2000	2005	2010	2012	2013	2014	2015	2016
水库库容量（亿立方米）	5184	5624	7162	8255	8298	8396	8581	8967
大型水库	3842	4197	5594	6493	6529	6618	6812	7166
中型水库	746	826	930	1064	1070	1077	1068	1096
小型水库	594	602	638	698	699	701	701	705

资料来源：《中国统计年鉴》（2017）。

此外，2016年全国水土流失综合治理面积达到120.4万平方公里，累计封禁治理保有面积达81.6万平方公里（见图3－1）。水土流失综合治理能力逐渐增强，已初步形成以水库为主体的防洪排涝体系，有利于农田基础排灌系统的改良，保证农田基本能够达到有排有灌的状态，整体上提高经济效益和生态效益。

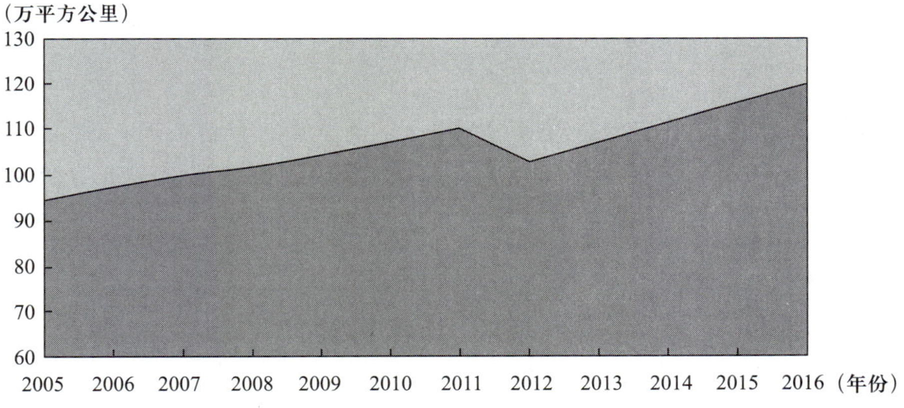

图3－1 2005～2016年水土流失治理面积

资料来源：中华人民共和国水利部2016年《全国水利发展统计公报》。

2016年全国共完成水利建设投资6099.6亿元，较2015年增加647.4亿元，增加11.9%。其中水资源工程建设完成投资2585.2亿元，占总投资的42.3%。防洪工程建设完成2077.0亿元，占总投资的34.1%，水土保持及生态工程403.7亿元，占比6.6%（见图3－2）。近年来对水土保持及生态建设水利项目侧重有所加大，但以农业生产和粮食安全为核心的防洪工程投资仍然占比最大，有效改善了农业生产基础设施，保障了农业生产。

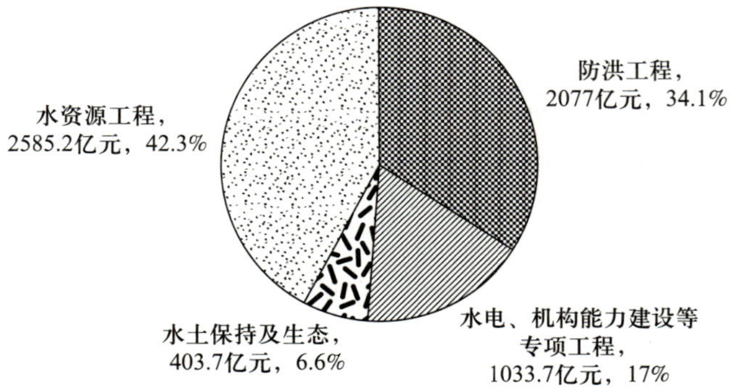

图 3-2 2016 年分用途完成投资情况

资料来源：中华人民共和国水利部 2016 年《全国水利发展统计公报》。

3.2.3 农田灌溉面积稳中有升，粮食生产能力稳步提高

随着农田水利建设的日益发展，农田有效灌溉面积日益增加。2016 年，全国设计灌溉面积大于 2000 亩及以上的灌区共 22689 处，耕地灌溉面积 37208 千公顷，其中，50 万亩以上灌区 177 处，耕地灌溉面积 12335 千公顷，20 万～50 万亩大型灌区 281 处，耕地灌溉面积 5430 千公顷。全国灌溉面积 73177 千公顷，耕地灌溉面积 67141 千公顷，占全国耕地面积的 49.6%。截至 2016 年，全国有效灌溉面积达 67140.60 千公顷，比 2013 年增加 3667 千公顷，增长 5.46%（见图 3-3），总体上保持良好的上升趋势。全国已累计建成日取水大于等于 20 立方米的供水机电井或内径大于 200 毫米的灌溉机电井共 487.2 万眼，大大增强了有效灌溉能力，促进了粮食生产能力稳步提升。

自 2004 年以来，我国粮食产量实现了连续 13 年增产（由 2003 年的 4.31 亿吨增长至 2016 年的 6.16 亿吨，CAGR 为 3%）。农业生产稳产增收，全国的粮食生产能力稳定在 6 亿吨以上，是“八五”以来增产最快的时期。通过农田水利基础设施建设，特别是农田排灌系统改造，将农田区域内的旱地改成适合高产高效经济作物生长的土壤，增加农作物的品种类型和种植的灵活性，提高粮食综合生产能力，增加农业经济的生产效益，为推动农业现代化的实现打下了基础。

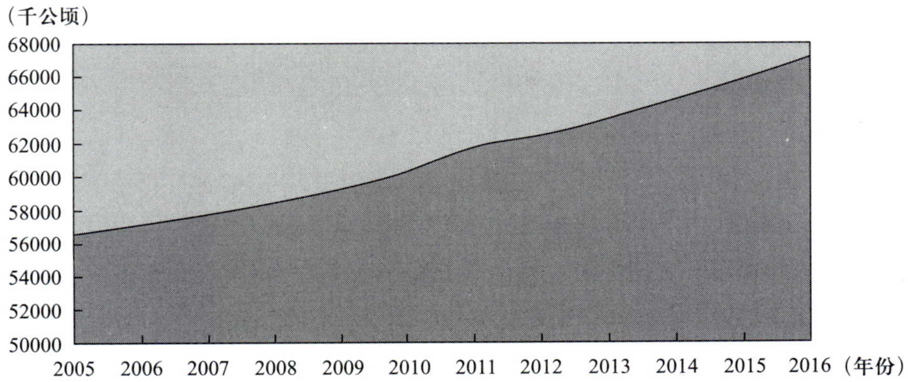

图3-3　2005~2016年全国耕地灌溉面积

3.2.4　节水技术逐渐推广，现代两型农业日益发展

随着现代农业发展和农业规模化程度的提高，耕地有效灌溉面积不断增加，2016年全国灌溉工程面积73177千公顷，比2011年增长7.43%，年均增长1.24%。其中，2016年耕地灌溉面积达67141千公顷，占总灌溉面积的91.75%。2011~2016年耕地灌溉面积占总灌溉面积的比重均在90%以上。随着节水技术在节水灌溉中的广泛应用，喷滴灌、微灌、低压管灌等节水灌溉面积同步上升，2016年节水灌溉面积达到32847千公顷，占总灌溉面积的44.89%。其中高效节水灌溉面积快速增长，从2011年的12956千公顷增长到2016年的19405千公顷，增长了近50%，年均增长8.30%。2016年高效节水灌溉面积占总节水灌溉面积的近60%（见表3-8），其中喷灌、微灌面积9954千公顷，低压灌溉面积9451千公顷，大大提高了水资源的利用效率，有利于节约水资源和两型农业建设的需要。

表3-8　2011~2016年我国节水灌溉情况

年份	灌溉面积（千公顷）	耕地灌溉面积（千公顷）	耕地灌溉面积占比（%）	节水灌溉面积（千公顷）	节水灌溉面积占总灌溉面积比（%）	其中：高效节水灌溉面积（千公顷）	高效节水灌溉面积占总节水灌溉面积比（%）
2011	67743	61682	91.05	29179	43.07	12956	44.40

续表

年份	灌溉面积（千公顷）	耕地灌溉面积（千公顷）	耕地灌溉面积占比（%）	节水灌溉面积（千公顷）	节水灌溉面积占总灌溉面积比（%）	其中：高效节水灌溉面积（千公顷）	高效节水灌溉面积占总节水灌溉面积比（%）
2012	67780	62491	92.20	31217	46.06	14126	45.25
2013	69481	63473	91.35	27109	39.02	14271	52.64
2014	70652	64540	91.35	29019	41.07	16114	55.53
2015	72061	65873	91.41	31060	43.10	17923	57.70
2016	73177	67141	91.75	32847	44.89	19405	59.08

资料来源：《中国农业年鉴》（2002～2017）。

3.2.5 投资管理逐渐规范，投融资模式日趋现代化

2016年7月1日，新中国第一部关于农田水利的行政法规《农田水利条例》开始实行，将农田水利建设、运营、管理提到新的高度，促进农田水利投资管理日渐规范，投资效益逐渐提升。2012年，水利部制定出台了《鼓励和引导民间资本参与农田水利建设实施细则》，对民间投资参与农田水利提出了具体可操作性的规定，包括民间资本通过融资、合资及“一事一议”等多种形式参与农田水利建设，为各地促进民间资本参与农田水利建设积极性的提高起到了推动作用。目前，在农业基础设施建设方面，农田水利基础设施成为PPP投资最青睐的领域之一，通过项目合作、特许经营、股份合作等形式引入社会资本。如河北省兴隆县大碌洞合作社探索以农田水利设施股份合作为载体，为提高社员收益探索出一条有效途径。一是资产变股权。将合作社范围内机井、塘坝、水利管道等水利设施资产600.21万元入股，折合资金均分注入117户成员出资股份中，使单户社员出资额达到5.14万元。二是建立按股分配收益机制。在保证社员享受日常用水服务的基础上，建立了合作社盈余返还、股份分红等利益分配机制，同时提取一定盈余公积金作为合作社发展基金。三是以合作社为支点，不断延伸涉水产业链条。抓好合作社经营管理，依托合作社充分利用水利设施发展林下经济、果品采摘、生态休闲旅游，实现了立体化、全域化种植，启动了果品冷藏库和农家游服务中心项目，促进了社员增收。

3.3 新时期农田水利基础设施投资面临的困境

3.3.1 投资资金仍显不足，农田水利现代化进展缓慢

由于农田水利基础设施的公共产品属性，以及具有较强的正外部性，国家一直在农田水利基础设施中扮演最主要的角色，在加大自身资金投入的同时，出台了一系列方针政策促进银行贷款、社会资本等参与农田水利基础设施投资建设。但是，受限于财政紧约束以及农田水利基础设施本身属性，其投资资金仍显不足。主要原因首先体现在来源较单一，社会投资积极性不高。农田水利基础设施建设资金来源单一，大多数年份国家投资比重在80%以上。近年来，采取了贷款、拍卖、承包、利用外资以及吸引民间资本等多种形式的资金渠道来源，但是相对来说，投资主体政府比重仍然较大，社会投资积极性不足。2016年，政府投资4577.4亿元，占总投资的75.04%，国内贷款和其他投资占17.89%，企业和私人投资424.7亿元占6.96%，外资投入仅仅为0.11%（见图3－4）。可见社

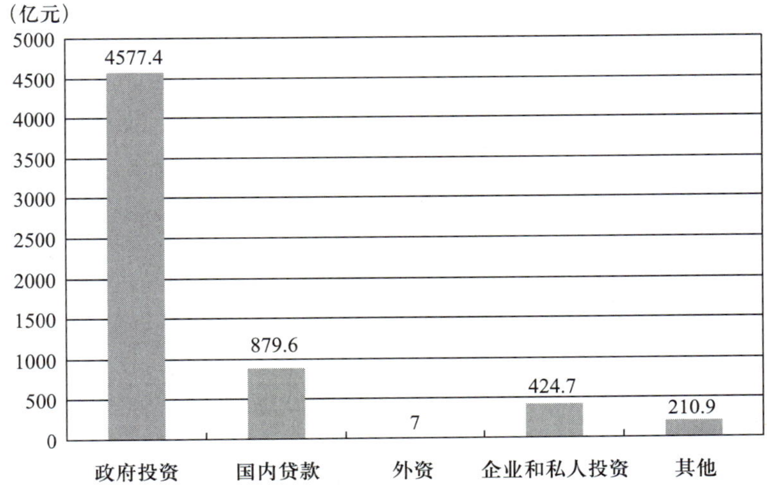

图3－4 2016年全国水利投资资金来源情况

资料来源：中华人民共和国水利部2016年《全国水利发展统计公报》。

会资本在农田水利建设中的份额很少，绝大部分资金来源依靠政府财政，导致投入不足。其次，随着水利建设模式逐步变化，机械投入使用量显著增加，农民投工投劳数量急剧减少；加之种粮效益不高使农民农田水利建设的积极性降低，导致农田水利投入严重不足，制约着水利现代化进而影响现代农业的发展。

3.3.2 投资区域差异与结构差异明显，最后一公里缺位

虽然近年来，我国农田水利事业取得了较快发展，但不均衡现象仍然突出，主要体现在结构差异和区域差异上。

首先，投资项目结构差异明显。主要偏向大中型农田水利基础设施建设，小型农田水利设施投入不足。小型农田水利基础设施由于规模较小，服务区域有限，且分散在田间地头、低洼暗道，其统一管理和维护本身存在一定困难；加之相对于大中型农田水利基础设施而言，其外部性较小，往往成为容易被忽略的"最后一公里"。从2007年到2014年的平均农田水利基建投资完成额来看，小型农田水利投资金额不足大中型设施的一半，仅为42.4%，占总投资完成额不足30%（见图3－5）。目前，小型农田水利基础设施的投资建设主要依靠基层政府

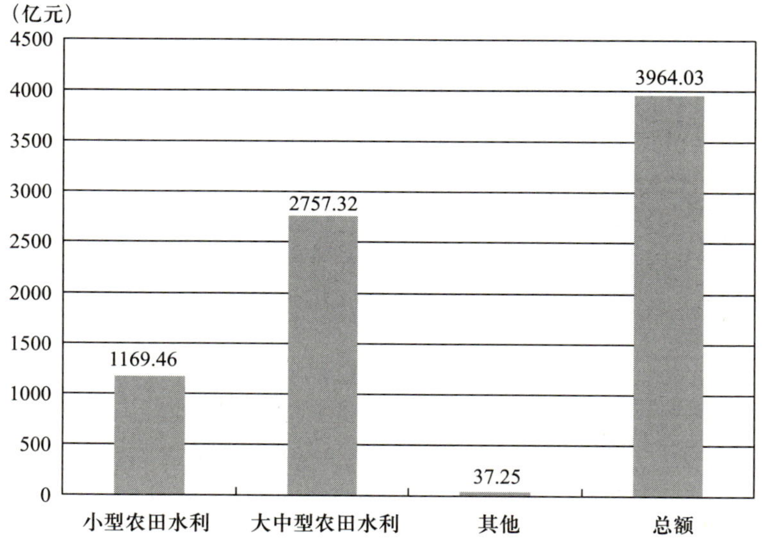

图3－5 2007～2014年农田水利基础设施平均投资完成额

资料来源：历年《中国水利年鉴》。

和组织，县乡以及政府或村级组织缺乏对其投资资金，靠群众自发集资也存在现实困难，对于小型农田水利设施投资改造还没有达到满足需求的程度，未来需要更多行之有效的办法。

其次，投资区域差异明显。我国是一个干旱缺水国家，不仅水资源总量明显不足，而且水资源的时空分布极不均衡，区域性缺水和季节性缺水严重。我国耕地的64%分布在长江以北地区，而水资源量仅占19.6%，我国粮食生产区的黄淮海流域水资源量仅占全国的7.7%，而耕地面积占39%。针对以上问题，国家在水利工程分布上进行对症建设，局面出现了一定的好转，但是，如在七大江流域（长江流域、黄河流域、淮河流域、松辽流域、海河流域、太湖流域和珠江流域），农业和工业发达，人口和城市集中，为保证粮食作物的产量增长，提高农田灌溉效率，该区域的水利建设投资逐年增加，2012~2016年平均增长率达12.5%，相较之下，东北地区农田水利投资额连续三年出现了负增长（见表3-9）。从投入总量而言，2016年七大江流域投资额度达4761.5亿元，是其他诸河的3.56倍。相对于东西部而言，2016年中部农田水利建设投入为东部和西部的50%左右，而东北投入更低，分别为东、西部的14.54%和15.34%，对其粮食主产区的粮食生产能力造成一定影响。

表3-9　2011~2016年分区域水利建设投资　　单位：亿元

区域＼年份	2011	2012	2013	2014	2015	2016
七大江流域地区	2691.3	3363.9	3284.4	3505.6	4425	4761.5
东南、西南及西北诸河地区	394.7	600.4	473.2	577.5	1027.2	1338.1
东部地区	881.1	1154	1117.2	1240.1	2104.7	2358.4
中部地区	180.1	293.9	211.2	355.8	913.2	1163.4
西部地区	1035.6	1237.2	1056	1127.3	1882.7	2234.9
东北地区	989.2	1279.2	1373.2	1359.9	551.6	342.9

资料来源：中华人民共和国水利部2016年《全国水利发展统计公报》。

3.3.3 投资科学化水平有待提升，水资源利用率不高

尽管近年来，我国农田水利建设取得了一定成效，但离城乡基础设施统筹发展、新型工业化、城镇化和农业现代化“三化”协调发展的要求还存在差距，面对频发的自然灾害以及作为粮食大国承担粮食安全责任的重大使命，农田水利建设还远不能满足农业经济发展尤其是现代农业发展的需要，其建设和管理面临严峻的挑战。总体上，我国水利工程建设科学化水平仍较低，安全达标加固不足，防洪能力受到挑战。我国的水利设施绝大部分修建于20世纪七八十年代，受当时社会经济技术条件的制约，工程主要是依靠农民投工投劳而建，存在着标准低、质量差、配套不全等问题，总体上面临排涝能力下降和提灌能力减弱的双重困境，有效抵御各种自然灾害的能力不强，特别是水灾、旱灾影响严重。截至2018年7月18日，我国已有27个省（区、市）遭受洪涝灾害，造成2053万人、1759千公顷农作物受灾，因灾死亡54人、失踪8人，倒塌房屋2.3万间，直接经济损失约516亿元①。

此外，农田水利工程简陋，灌溉水的实际利用率低，特别是小型农田水利节水灌溉工程和节水措施不多，加之后续资金缺乏，后期设施维护出现困难，导致大量设施无法正常灌溉，一方面造成节水灌溉设施闲置，另一方面水资源的利用率也大大下降。

最后，监控措施不完善，检测手段落后。在目前的农田水利建设过程中，基层水利部门并没有起到特别好的监控以及检查作用，仪器落后，检测人员水平不高，在很大程度上影响了农田水利基础设施的管护、使用，水资源利用受到影响。

3.3.4 投资管理机制不完善，农田水利可持续发展缺乏后劲

农田水利投资建设是一个系统工程，规划、投资、建设、运营、管理、后期管护等环环紧扣。首先，在投资决策方面，由于我国一直沿袭下来的自上而下的农村公共物品决策机制，导致农户需求很难得以满足，无法满足农户对农田水利

① http://www.mwr.gov.cn/xw/slyw/201807/t20180720_1043373.html.

设施的多样性、安全性、实用性要求。目前广泛使用的“一事一议”制度往往出现事难议，议难决而成效甚微。其次，在管理体制方面，多年来，由于农田水利设施建设管理体制不全，责任不清，客观上导致建设主体的缺位与错位。农村税费改革前，农田水利设施的建设、管理实行“民办公助”的形式，政府投入较少；税费改革后，按照“谁受益、谁投入”的市场原则进行建设管理，由于产权难以界定，造成建设管理主体责任不清晰，导致无人投入、无人管理。再次，在后期养护方面，由于部分农村地区经济落后，水费收缴困难，导致其管理和维护的经费无法落实，护养工作不到位，大大减少了其使用寿命和使用效率。最后，基层水利人才流失和缺失严重。岗位设置、人员安排，应符合新时期水利管理改革和人才发展的要求，保证基层农田水利工作的顺利开展。

第4章 农田水利基础设施投资主体的责任与意愿

由于农田水利基础设施层级多，牵涉面广，其非竞争性、非排他性的程度以及外部性的大小存在差异，决定了其投资主体的多样性和差异性。不同投资主体具有不同的特点和利益诉求，其责任边界存在差异，投资意愿也不尽相同。投资绩效是投资主体的行为体现，投资主体行为建立在投资意愿的基础之上。因此，在研究投资绩效及影响机理之前，本章对农田水利基础设施投资主体特征、责任及意愿进行分析，为以后的研究打下基础。

4.1 农田水利基础设施投资主体特征

4.1.1 政府投资主体：优势与不足

由于政府角色的复杂性，不仅可以作为一个市场主体参与市场行为，更多的是利用自己拥有的公共权力和公共资源开展非市场活动。首先，政府行为目标具有社会的公益性。追求社会福利的最大化，保证社会的公平与效率是政府职能的本质，而建立在高效率基础之上的高度公平则是政府行为职能的理想目标。其次，政府行为具有一定的强制性特征，通过强制性行政命令、指导性政策、法律法规等对个人和企业的经营活动进行规范、引导。最后，政府行为涉及的范围具有广泛性，政策的制定、修改、完善、变更不仅会影响一个部门、一个行业，甚至会对整个社会经济生活都有重大影响。因此，农田水利基础设施政府投资具有准入优势、财政税收优势、规模优势等，而且能解决搭便车和农田水利基础设施的外部性。同时，也存在一些不足：①政府垄断投资会导致效率不高，由于信息不对称的存在以及缺乏竞争机制，容易导致农田水利基础设施供求不匹配以及缺乏创新的动力等；②政府投资可能带来福利损失分析。由于政府供给限制了竞争，削弱了农田水利基础设施的激励机制，导致垄断经营，缺乏公平竞争，影响了水资源的最佳利用，造成水资源分配的扭曲和浪费，影响了农田水利基础设施的投资效率，造成社会福利损失①。包括垄断价格的福利损失即△ABC 的面积（见图 4－1）、信息不对称带来的效率损失即△ABC 和△CDE 的面积之和（见图 4－2），以及分权不当造成的损失。

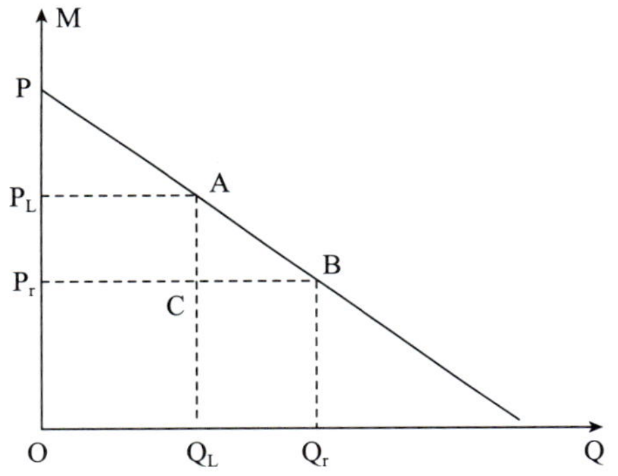

图 4－1 农田水利基础设施垄断价格导致的福利损失

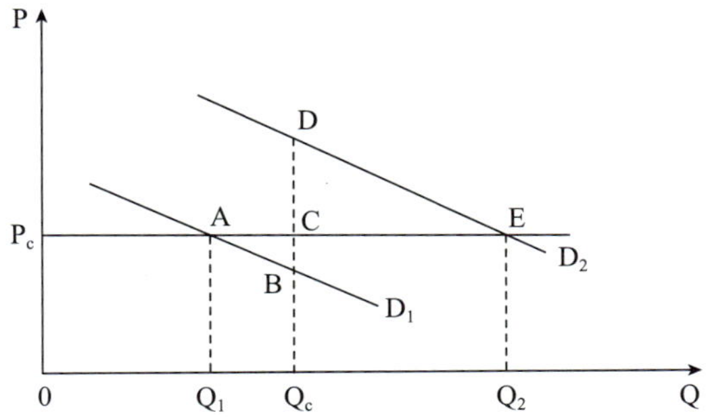

图 4－2 政府投资信息不对称的效率损失

① 何寿奎，胡明洋. 农村水利多主体供给效率比较与协同供给例证分析［J］. 科技管理研究，2016（18）：198－205.

4.1.2 市场投资主体：积极意义与缺陷

各类市场投资主体与其他主体最大的不同在于其始终是以利益最大化为根本点，因此也决定了其最完全的竞争性。首先，与生俱来的逐利性是市场投资主体的本质。市场投资主体进入项目的动力来自于其对自身利益的追求，因此，市场投资主体参与项目投资的动力机制，就是通过激发市场投资主体的利益动机而生成市场投资主体参与项目的过程或机理。其次，资本的增值和资产收益是市场投资主体经济利益的实现和增值的主要表现。最后，强烈的社会责任感是一个优秀企业的社会性表现，如增加就业、改善民生、绿色环保等，增进经济利益并不是其唯一的动力来源。

市场主体参与农田水利基础设施投资的积极意义在于：①减轻政府财政压力。政府通过引导性投资或者提供政策优惠，吸引社会资本参与农田水利基础设施建设、管理与维护，缓解地方政府的财政压力。②增加农田水利基础设施的投资数量，提高水利建设资金投资效率。发挥市场投资的管理优势、成本优势、信息灵敏优势，提高投资效率。通过建立市场竞争和合理的价格机制，优化资源配置，避免搭便车行为。但是，市场主体参与投资也存在一些缺陷：①农田水利基础设施完全由市场投资容易导致结构性失衡。私人企业的趋利性导致外部性强而财务收益差的农田水利基础设施项目投资不足，收益高外部性小的项目投资多。②完全市场投资难以实现社会资源最佳利用。私人投资者独立决策，没有统一的水利建设发展规划，容易产生资源分配不均衡，加大水利投资地区差异，或者出现资源重复配置。③市场投资主体的逐利性导致项目效用损失和福利损失。私人公司为收回投资，必然收取一定服务费用，高水价会限制部分农民使用水利设施，私人公司难以从社会效用角度进行经营决策，环境污染或生态保护难以落实，很难兼顾水利的财务效应和公共利益。

4.1.3 农户投资主体：积极意义与福利损失

农户往往是农田水利基础设施的直接使用者和受益者，作为设施需求者，也是项目投资者，是一类特殊的投资主体。首先，重视投资的直接、短期、快速回报。农户出于自身的考虑，作为直接受益者和农业生产者，更加倾向于经常性、受益明显项目的短期性投资，如排灌水设备、机井等，而对大中型农田水利基础设施等长期性、规模大的投资支出则非常少。其次，农户参与项目投资意愿逐渐强烈，但投资行为较盲目，专业性不强。所以为了分散风险，往往会在多个项目上进行投资以确保其收益，实现自身利益最大化。最后，偏好投资的公平和资金使用的透明度。由于获取信息的途径少，主要来自亲朋好友、村集体或道听途说等，网上信息不便收取或难以收取，参与决策往往存在盲目性或干脆不参与决策，而只是提供资金、使用设施，所以对于切切实实的资金投入和使用特别关注。

农户参与农田水利基础设施投资的积极意义主要体现在：①增加农田水利基础设施投资资金来源；②有利于优化农田水利基础设施的结构，农户作为使用者去进行投资，能更好地了解需求和不足，有针对性地增加投资，满足供需的平衡，实现效用最大化；③有利于加强对农田水利基础设施特别是小型农田水利基础设施的监管。但是农户投资也存在不足，首先，存在专业性不强，投资被动的现象；缺少整体规划，盲目投资、重复投资，投资效率不高；其次，农田水利基础设施若完全由农户市场投资，会存在福利损失（见图 4 – 3），设农户个人供给量 Q，边际成本 = 边际收益，其他用户从农户 1 获得免费收益△EAB 面积，这是农田水利正外部性，农户 1 的投入使农户 2 受益为△EAB 面积。即从社会角度，个人应将投入增加至 Q_2，尽管收益增加了 BCQ_1Q_2 面积，农户 1 将承受△ACD 面积损失，即福利损失。若农户通过农田水利基础设施投资改善生态环境、改良土质等正外部性没有获得补偿，就会缺乏继续提供的动力。

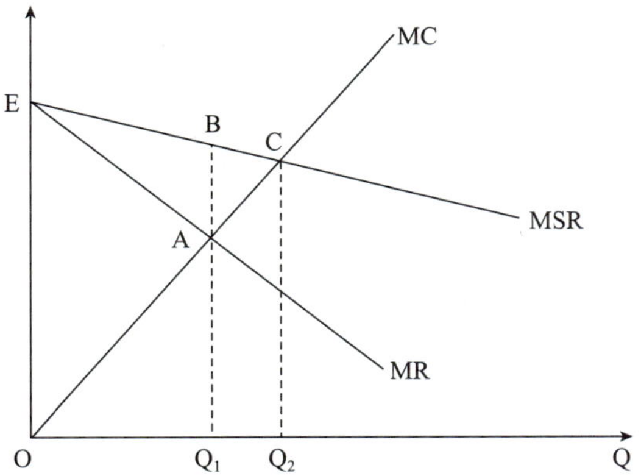

图 4 – 3　农田水利基础设施农户单独投资的损失与局限性

4.1.4 非政府组织投资主体：优势与局限

与农田水利基础设施投资相关的非政府组织比较典型的有农业合作组织、用水者协会、NGO 等。如农业合作组织供给，把当地利益相关、彼此熟悉的农民有效地组织起来，参与农田水利基础设施建设，按照平等的原则向社员收取费用，并向社员提供。在此基础上，由农业合作组织参与农田水利基础设施管理和维护，并向社员收取管理费用，弥补运行成本，形成建设管理与经济发展的良性互动。通过农民自愿合作供给，比较容易排除“搭便车”者，能较好地监督相关人财物的投入支出，提高规则的遵守程度，降低搭便车的潜在成本。非政府组织投资优势体现在：①服务贴近用户，更好维护农民利益，体现农民诉求；②由于农民用水协会和第三部门等非政府组织投资的公平性、非盈利性，容易获得农户的信任和支持；③促进水资源公平分配，改善农田水利基础设施投资效率。作为政府职能的补充，建立优势互补关系，利用群团的力量形成与政府单独投资的比较优势。但是，非政府组织投资也存在局限：①建设资金不足，组织松散影响投资。拿用水协会来说，由于农业水费偏低、收缴率低，农业水费征收困难，加之政府对用水协会资助不足，导致用水协会缺乏充足的运行资金。此外，由于协会工作的业余性，在队伍建设、制度建设方面投入精力不足，导致用水协会工作缺乏生气。②协会的独立性不强，协调能力和资源调配能力有限，资源掌控不足，加上社员要求复杂，配合性较差，难以保证农田灌溉工作有序开展。③缺乏行政权威，协会管理体制缺陷及职能权限的限制影响投资绩效的发挥。

4.2 农田水利基础设施投资主体责任

明确各类投资主体责任，确定其行为边界，有利于较好地处理政府与市场、农户、非政府组织之间的关系，特别是政府与市场的关系是解决好农田水利基础设施有效投资的关键。

4.2.1　政府投资责任

政府作为农田水利基础设施的投资主体，把社会福利最大化摆在第一位，社会效益、生态效益是其关注的焦点。其投资责任主要体现在保障国家粮食安全、提高农民收入、保障人民生命财产安全、维护社会稳定等方面。基于农田水利基础设施的准公共产品属性、公益性强、正外部性明显的特征，各级政府应合理界定事权与财权，整合资金，促进农田水利基础设施协调发展。中央政府的主要职责是统一领导和组织全国农田水利基础设施的建设和管理工作以及对一些外溢性大的农村、江河、湖泊的治理；省级和市级政府的主要职责是做好中央财政重点支持区域农田水利建设示范，特别是采取措施扶持边远、贫困地区和少数民族地方开展农田水利建设；县级政府作为农田水利建设的责任主体，主要负责农田水利工程的建设和管理工作；乡镇政府作为基层行政部门，由于缺乏财权，主要职责是负责农田水利建设的组织和管理，协调农户、农村社区、乡镇水利站、农民用水合作组织的关系。

4.2.2　市场投资责任

市场主体投资责任首先要严格遵循市场规律，公平竞争，合法收益。各类市场主体以利润最大化为投资目标，按照市场运行的原则独立供给，通过市场运作的方式向消费者收取费用，以弥补成本。在追求经济效益的同时，兼顾社会效益和生态效益。其领域主要是一些进入成本不高，且有一定的盈利性、排他性，具有准公共产品性质的农田水利基础设施，外部性较强、需求较大，且适当付费有利于减少资源浪费和保证水利设施的安全运行，如大中型排灌设备、中小型水利水电工程等，可选择政府与市场联合投资。对市场机制完善、投资规模小、产权明晰的农村水利投资或者服务，可以选择市场单独投资。

4.2.3　农户投资责任

农户作为农田水利基础设施投资的最终受益者，在追求自身效用最大化的同时，要正确处理好个人利益与集体利益的关系，兼顾好经济效益与社会效益、生态效益的平衡。根据“谁受益、谁投资”的原则，用水农户是农田水利的当然投资主体之一。对具有私人性质的小微型农田水利基础设施投资是其权利也是其义务，如通过投资或投劳对机井、提灌泵站、塘坝、水库和水渠、田间沟渠等设施进行投资建设，参与小型农田水利基础设施的管理、运营和维护，对于解决农田水利基础设施“最后一公里”问题，抵挡旱涝灾害，提高农产品产量和农业经营收入意义重大。

4.2.4 非政府组织投资责任

非政府组织作为农田水利基础设施投资的特殊主体，由于其自愿性、非营利性、公益性等特点，作为政府、市场供给的中间组织平台，参与投资有利于维护农户自身利益，满足人们对农田水利基础设施多样化的需求，还可以调节企业与政府的供给关系，提供农田水利的中间服务，包括用水需求计划、收缴水费、发挥社区熟人社会的优势以协调用水矛盾等。对于受益范围有限，与本区域农业、农村和农民相关的基础设施，可以由用水协会、农村社区组织、各种合作性农村社会服务机构提供，有资源或条件的话，捐赠提供是解决农田水利基础设施短缺的重要途径之一。

4.3 农田水利基础设施投资主体意愿的理论分析——基于农户视角

农户既是小型农田水利基础设施的投资者，又是使用者和受益者，也是最基层投资绩效的评价者。作为一类特殊的投资主体，其投资意愿及行为具有较强的综合性和代表性。

作为理性农户，在面临多种选择机会时，他们会在一定的约束条件下选择能实现自身效用最大化的目标方案。对于小型农田水利基础设施投资，农户的决策模型可以表示为：

$$D(R) = P(F > 0) = P(I - C > R) \tag{4-1}$$

式中，I 为农户参与小型农田水利基础设施投资的预期收益，C 为农户参与小型农田水利基础设施投资的预期成本，R 为农户不参与小型农田水利基础设施投资的当前收益，F为预期净收益，P是农户参与小型农田水利基础设施投资的概率，D(R)是农户参与小型农田水利基础设施投资的决策函数。小型农田水利设施具有典型的“准公共产品”性质，农户在其建设和维护过程中，有着和政府共同参与的合作意愿。借鉴韩洪云、赵连阁（2002），孔祥智、史冰清（2008），朱红根等（2010）和刘辉、陈思羽（2012）的方法，利用博弈模型对农户参与小型农田水利基础设施投资意愿的影响因素进行理论分析。

假设村庄内有n个农户，村庄内农户采取的策略性行为是选择参与或不参与小型农田水利基础设施投资。如果农户i采取合作行为，即参与小型农田水利基础设施投资，其相应的投入量为h_i；如果农户i不参与小型农田水利基础设施投资，其投入量为0。H代表村庄小型农田水利设施总量，$H = \sum_{i}^{n} \gamma_i h_i + H_0 + G_0$，其中，$\gamma_i$表示单个农户参与小型农田水利基础设施投资对村庄小型农田水利设施总量的影响系数。农民的文化程度和劳动技能差异以及他们在小型农田水利基础设施投资方面的心理认知状况影响着农户参与小型农田水利基础设施投资的积极性，进而影响着村庄小型农田水利设施总量。因此，γ_i受到农民个人特征和心理认知差异的影响。H_0表示村庄原有的小型农田水利设施量，G_0表示政府直接投入建成的小型农田水利设施量。村庄内农户所面临的问题是：在政府和其他农户参与小型农田水利基础设施投资的策略性行为给定的情况下，在自身禀赋$M_i = p_x x_i + p_h h_i$（假定农户的务农收入除用于小型农田水利基础设施投资投入之外，其余全部用于私人产品消费）的约束条件下，选择自己的最优策略（x_i，h_i），以最大化其效用函数$U_i = U_i(x_i, H)$。其中，x_i为农户i消费的私人产品量；p_x为私人产品的价格；p_h为农户i参与各项小型农田水利基础设施投资项目所承担的平均费用，可用其投入成本表示；M_i为农户i的务农收入。

假定农户的效用函数可以表示成柯布—道格拉斯生产函数形式：

$$U_i = x_i^{\alpha} H^{\beta} \tag{4-2}$$

式中，α和β分别为私人产品消费量变化和小型农田水利设施消费量变化所引起的农户效用变化的比率（$0<\alpha<1$，$0<\beta<1$），分别反映私人产品和小型农田水利设施消费对于农户的重要性。由于私人产品消费和小型农田水利设施消费之间存在着替代关系，在农户收入一定的情况下，本文假定$\alpha+\beta\leq 1$。

考虑到不同农户的收入水平与地理位置存在差异，结合农户效用最大化的拉格朗日条件，得到农户i参与小型农田水利基础设施投资的纳什均衡解，其反应函数为：

$$h_i^* = \frac{\beta}{\alpha+\beta}\frac{M_i}{p_h} - \frac{\alpha}{\alpha+\beta}\frac{1}{\gamma_i}\left(\sum_{i=1}^{m}\gamma_i h_i + H_0 + G_0\right) \tag{4-3}$$

式中，n 为村庄内农户数量。考虑到私人产品消费和小型农田水利设施消费的相对重要性 λ 对农户参与小型农田水利基础设施投资的影响，令 $\lambda=\alpha/\beta$，则反应函数式（4－3）可以进一步变形为：

$$h_i^* = \frac{1}{\lambda+1}\frac{M_i}{p_h} - \frac{\lambda}{1+\lambda}\frac{1}{\gamma_i}\left(\sum_{i=1}^{m}\gamma_i h_i + H_0 + G_0\right) \tag{4-4}$$

式（4－4）对 λ 求导，得：

$$\frac{\partial h_i^*}{\partial\lambda} = -\frac{1}{(\lambda+1)^2}\left[\frac{M_i}{p_h} + \frac{1}{\gamma_i}\left(\sum_{i=1}^{m}\gamma_i h_i + H_0 + G_0\right)\right] \tag{4-5}$$

根据反应函数式（4－3）和式（4－4），可以看出，一方面，农户的务农收入 M_i 越高，农户参与小型农田水利基础设施投资对村庄小型农田水利设施总量的影响系数 γ_i 越高，则农户越倾向于参与小型农田水利基础设施投资；进一步地，务农收入 M_i 受种粮收入占总收入的比重、种粮补贴与种粮投入的比例等农户家庭特征的影响；参数 γ_i 则主要受农民的个人特征和心理认知状况的影响。另一方面，农户 i 参与各项小型农田水利基础设施投资项目所承担的平均费用 p_h 越高、村庄原有的小型农田水利设施量 H_0 越多、政府直接投入建成的小型农田水利设施量 G_0 越多，则农户越缺乏参与小型农田水利基础设施投资的积极性；进一步地，农户 i 参与各项小型农田水利基础设施投资项目所承担的平均费用 p_h 受劳动力短缺状况、资金不足状况等农户家庭特征的影响。由（4－5）式可以看出，私人产品消费与小型农田水利设施消费对于农户的相对重要性 λ 越大，农户越不愿意参与小型农田水利基础设施投资。

4.4 农田水利基础设施投资主体意愿及其影响机理的实证分析——基于粮食主产区与非主产区农户的调查

4.4.1 农户投资意愿影响因素及其理论假设

为更好地考察小型农田水利基础设施农户投资意愿及其影响因素的区域差

异，在综合前任研究方法和研究成果的基础上，结合此次问卷内容，本章主要将影响因素归为四大类型，基本理论假说如下：

（1）个人特征。影响农户投资意愿的首要因素表现为农户个人特征，包括农户的年龄、文化程度、身体状况和对农业政策的关注程度。农民年龄越大，由于缺乏技能和体力下降等原因，越倾向于参与小型农田水利基础设施投资。农民文化程度越高，越能充分认识到小型农田水利基础设施投资的重要性，收入也可能越高，从而他们参与小型农田水利基础设施投资的意愿可能越强。农民身体健康状况越好，经营的农田面积越大，其农业生产对农田水利设施的依赖性越强，因而他们越愿意参与小型农田水利基础设施投资。另外，农户对小型农田水利基础设施投资的重要性认识越充分，则越愿意参与农田水利建设，而农户对农业政策的关注程度越高，所受的激励越大，对小型农田水利基础设施投资的重要性认识越充分，因而越愿意参与小型农田水利基础设施投资。

（2）家庭特征。影响农户投资意愿的因素还表现为家庭特征，包括家庭劳动力短缺状况、灌溉方式、种粮收入占家庭总收入的比重、种粮补贴与种粮投入的比例等。家庭劳动力越短缺，由于劳动力短缺的不足可以通过农田水利设施的完善得到一定程度的弥补，完善的农田水利设施可以对农业生产起到事半功倍的效果，所以，家庭劳动力越短缺的农户，越倾向于通过参与小型农田水利基础设施投资来提高其农业生产能力和农业生产效率。种粮补贴与种粮投入的比例越大，由于种粮补贴可以被看作政府的间接引导投入，同时对农户的家庭收入也能起到补充作用，因而对农户参与小型农田水利基础设施投资具有激励作用，农户越倾向于参与小型农田水利基础设施投资。另外，种粮收入占家庭总收入的比重越大，农户越倾向于参与小型农田水利基础设施投资。

（3）心理认知特征。影响农户投资行为的另一重要因素是农户心理认知特征，包括对现阶段农田水利设施整体状况的评价、小型农田水利基础设施投资对农业生产的重要程度、预计未来农田水利基础建设的投资规划。若农民认为现阶段农田水利设施整体状况较好，表明现阶段农田水利设施条件已经能够基本满足他们农业生产的要求，则其参与小型农田水利基础设施投资的积极性就会较弱；若农民觉得小型农田水利基础设施投资对农业生产很重要，则其参与小型农田水利基础设施投资的意愿可能较强。一般而言，农户所受到的激励作用越大，越倾向于投资小型农田水利基础设施，如果对未来农田水利基础设施建设的投资规划预计越乐观，农户越乐意参与农田水利投资。

（4）地区特征。影响农户投资意愿的因素同样表现为地区特征，包括自然灾害对农业生产的影响程度、水利技术专员数量、大中型农业水利设施建设数量。若农民认为自然灾害对农业生产的影响越严重，自然灾害对农业生产的影响越大，由于小型农田水利设施是农业生产的基本条件，他们就越倾向于通过参与小型农田水利基础设施投资来增强抵抗自然灾害的能力，降低生产风险，则他们越会倾向于参与小型农田水利基础设施投资。如果水利技术专员越多、大中型农业水利设施建设数量越多，现有的农田水利设施状况较好，农户往往认为现有水利设施条件已能够满足其稻作经营的需求，而无须再参与农田水利建设；而如果农户认为现有的农田水利设施根本不能满足其稻作经营的需求，则会更愿意参与农田水利投资，以改变其目前农田水利设施的状况。

4.4.2 数据来源及样本特征

（1）数据来源。本书采用问卷调查法（2013 年 2 月至 5 月），为进一步了解不同地区小型农田水利基础设施农户投资意愿及其影响因素的区域差异，本书以各县当年粮食商品量、产量、播种面积为依据，结合地理位置和区域经济发展水平差异，将有效问卷分为湖南省粮食主产区和非主产区两个地区，并在湖南省汨罗市、涟源市、邵阳县 3 个粮食主产县（市）和临湘市、冷水江市、新宁县 3 个非粮食主产县（市）进行实地调查①。通过发放问卷、实地走访座谈等方式，采取随机抽样原则，每个县（市）选取 3 个乡（镇），每个乡（镇）选择 2 个村，每个村抽取 14 户，对户主进行问卷调查。调查共发放问卷 504 份，收回有效问卷 471 份，其中湖南省粮食主产区和非主产区有效问卷分别为 239 份和 232 份，有效回收率为 93.5%。

（2）样本特征。本文共选取了 14 个自变量，进一步归为 4 组。关于样本特征的构成、赋值及具体区域差异见表 4－1，每组的赋值以粮食主产区和非主产区调查问卷统计出的频数所占总体百分比为准。①从农户个人特征来看，湖南省粮食主产区的农户平均年龄为 53 岁，文化程度普遍偏低，初中以下文化占 78.8%，但约 90% 的农户认为身体健康状况较好，且农户对农业政策的关注程度

① 湖南省粮食主产县（市）参照江红梅（2009）《湖南省粮食主产县的区域经济政策调整研究》中，根据 2005 年 4 月国家财政部下达的中央财政对产粮大县奖励办法的规定要求核算出来的 40 个粮食主产县（市）为依据，分别从岳阳市、娄底市、邵阳市三个地区中选取粮食主产区和非粮食主产区。

普遍较高；非主产区农户的平均年龄为55岁，稍高于粮食主产区农户。文化程度以小学和初中为主，但平均文化程度、平均身体健康状况和对农业政策的关注程度略低于粮食主产区农户。②从农户家庭特征来看，劳动力短缺在粮食主产区和非主产区都普遍存在，分别占32.2%和30.9%。且种粮收入占家庭总收入的比重偏低，分别只有24.3%和21.5%的农户认为其收入50%以上来自种粮收入。就灌溉方式而言，粮食主产区主要依靠村组织集体灌溉用水（占42.1%）和自己机械抽水（占44.4%），非主产区依靠村组织集体灌溉用水只占33.5%，而靠自己机械抽水和人力运水的比重较大，分别占33.5%和15.5%。③从农户心理认知特征来看，粮食主产区农户对现阶段农田水利设施整体状况的评价明显高于非主产区，而且对未来农田水利基础建设投资规划的预计也更加乐观。④从地区特征来看，粮食主产区水利技术专员和大中型农田水利设施总数明显多于非主产区，这说明粮食主产区水利基础设施和技术条件明显优于非主产区。

表4-1 样本特征及其赋值比例

单位：%

	影响因素		粮食主产区百分比	非主产区百分比
个人特征	年龄 X_1	20岁以下=1	2.1	1.3
		21~39岁=2	34.3	34.3
		40~59岁=3	54.1	55.2
		60岁以上=4	9.5	9.2
	文化程度 X_2	没有上学=1	4.8	7.3
		小学=2	35.2	36.1
		初中=3	38.8	36.7
		初中以上=4	21.2	19.9
	受访农户身体状况 X_3	差=1	8.9	7.4
		一般=2	32	37.1
		健康=3	59.1	55.5
	对农业政策的关注度 X_4	很关注=1	10.4	8.9
		较常关注=2	32.1	31.9
		偶尔关注=3	43	44.1
		不关注=4	14.5	15.1

续表

	影响因素		粮食主产区百分比	非主产区百分比
家庭特征	灌溉方式 X_5	靠天 = 1	0.8	0.8
		自己机械抽水 = 2	44.4	50.2
		自己人力运水 = 3	12.7	15.5
		村组织 = 4	42.1	33.5
	家庭劳动力短缺状况 X_6	经常存在 = 1	32.2	30.9
		较少存在 = 2	49.2	49.4
		不存在 = 3	18.6	19.7
	粮食收入占总收入比重 X_7	10% 以下 = 1	11.7	13.3
		10% ~ 30% = 2	37.6	38.8
		30% ~ 50% = 3	26.4	26.4
		50% 以上 = 4	24.3	21.5
	种粮补贴占种粮投入比重 X_8	10% 以下 = 1	21.2	20.7
		10% ~ 20% = 2	35.2	36.6
		20% ~ 30% = 3	41.3	40.3
		30% 以上 = 4	2.3	2.4
农户心理认知特征	对现阶段农田水利设施整体状况的评价 X_9	较差 = 1	11.4	15.2
		一般 = 2	23.6	25.1
		较好 = 3	41.1	39.3
		很好 = 4	18.9	10.4
	小型农田水利在农业生产中的重要性 X_{10}	不重要 = 1	0.6	1.3
		一般 = 2	23.3	24.9
		较重要 = 3	52	50.1
		很重要 = 4	24.1	23.7
	预计未来农田水利基础建设的投资规划 X_{11}	较大建设动工 = 1	14.7	8.8
		维护保修 = 2	44.9	30.5
		没太多规划 = 3	21.6	39.2
		不很了解 = 4	19.8	21.5
地区特征	农业生产受自然灾害的影响程度 X_{12}	无影响 = 1	1.3	0.8
		一般 = 2	50.7	50.5
		较严重 = 3	36.5	38.1
		很严重 = 4	11.5	10.6

续表

影响因素			粮食主产区 百分比	非主产区 百分比
地区特征	水利技术专员数量 X_{13}	有=1	17.6	33.2
		无=2	37.7	10.5
		不清楚=3	44.7	46.3
	大中型农田水利设施建设数量 X_{14}	无=1	9.3	10.2
		1~2个=2	23	21.2
		3~4个=3	32	38.2
		4个以上=4	35.7	30.4

4.4.3 模型设定与变量选取

（1）模型设定。一般而言，概率模型多采用Probit模型或Logistic模型，鉴于研究目的在于考察不同地区小型农田水利基础设施的农户投资意愿及其影响因素的区域差异性，因变量与自变量属于离散型，且因变量取值多于二元，因此，多元有序Logistic模型是最为理想的方法。针对湖南省粮食主产区和非主产区分别建立Logistic模型具体形式如下（朱红根，2010；倪细云，2011）：

$$p_i = \frac{1}{1+e^{-Y_i}} = \frac{1}{1+e^{-(\alpha_i+\beta_i X_i)}};\ i=0,\ 1,\ 2,\ 3,\ 4 \qquad (4-6)$$

进一步转化为：

$$\mathrm{Ln}\frac{p_i}{1-p_i} = Y_i = \alpha_i + \sum_{j=1}^{14}\beta_{ij}X_{ij} + \varepsilon_i \qquad (4-7)$$

式（4-6）和式（4-7）中，p_i 表示农户选择小型农田水利投资意愿i的概率，即“愿意投资=1”发生的概率；X_i 为自变量，即小型农田水利农户投资意愿的影响因素；α_i 为截距项；β_{ij}为影响因素的系数估计值；ε_i 为误差项。

（2）变量选取。刘力等（2006）、朱红根等（2010）、刘辉（2012）等的研究表明，农户投资意愿受多重因素的影响，如受访农民的文化程度、身体健康状况、家庭劳动力短缺程度、自然灾害对农业生产的影响程度、粮食收入占家庭总收入比重等。解释变量的选取通过已有研究结合笔者对该问题的经验认识，考虑到由于湖南省粮食主产区和非主产区区域差异、农田水利基础设施建设水平及水利技术应用的差异以及农户心理认知和信心的差别，引入下列5个新的变量：对农业政策的关注程度、灌溉方式、预计未来农田水利基础建设投资规划、水利技术专员和大中型农田水利设施建设数量等。本文的被解释变量记农户“不愿意投资=0，愿意投资=1”。具体解释变量的描述性统计分析结果见表4-2。

表4-2　模型解释变量选择及描述性统计分析

影响因素		均值		标准差		极小值	极大值
		粮食主产区	非粮食主产区	粮食主产区	非粮食主产区		
个人特征	年龄	2.40	2.68	0.72	0.67	1	4
	文化程度	2.76	2.69	0.84	0.87	1	4
	受访农民身体状况	2.50	2.48	0.65	0.63	1	3
	对农业政策的关注度	2.62	2.65	0.86	0.71	1	4
家庭特征	灌溉方式	2.96	2.82	0.92	0.91	1	4
	家庭劳动力短缺状况	1.86	1.89	0.70	0.70	1	3
	粮食收入占总收入比重	2.63	2.56	0.98	0.97	1	4
	种粮补贴占种粮投入比重	2.25	2.24	0.81	0.80	1	4
农户心理认知特征	对现阶段农田水利设施整体状况的评价	2.58	2.25	0.90	0.89	1	4
	小型农田水利在农业生产中的重要性	3.00	2.96	0.71	0.73	1	4
	预计未来农田水利基础建设的投资规划	2.49	2.73	0.97	0.89	1	4
地区特征	农业生产受自然灾害的影响程度	2.58	2.59	0.71	0.69	1	4
	水利技术专员数量	2.27	1.93	0.74	0.90	1	3
	大中型农田水利设施建设数量	2.94	2.89	0.98	0.95	1	4

4.4.4　模型估计结果与分析

（1）计量结果。本章采用SPSS16.0统计软件，对各地区样本进行Logistic回归处理，所用模型为排序选择，回归方法为逐步向后回归，将所有可能对因变量产生影响的自变量代入模型，根据检验结果，依次剔除不显著变量后，再将剩余变量代入，继续检验，直至所有自变量均能通过显著性检验为止。模型的最终结果如表 4－3 所示。

表 4－3　湖南省粮食主产区和非主产区农户小型农田水利投资意愿影响因素计量结果

变量	粮食主产区		非粮食主产区	
	估计参数	显著性	估计参数	显著性
年龄	—	—	—	—
文化程度	1.613 *	2.907	1.606 *	2.865
受访农民身体状况	0.531 *	2.465	0.409 *	2.326
对农业政策的关注度	1.177 *	2.187	1.172 *	2.183
灌溉方式	—	—	0.346 *	2.543
家庭劳动力短缺状况	－1.088 *	5.384	0.921 *	5.169
粮食收入占总收入比重	0.545 *	2.693	0.542 *	2.707
种粮补贴占种粮投入比重	0.564 *	2.881	0.798 *	3.102
对现阶段农田水利设施整体状况的评价	－3.131 ***	8.301	－3.445 ***	8.521
小型农田水利对农业生产的重要性	1.825 ***	10.625	1.266 ***	10.554
预计未来农田水利基础建设的投资规划	0.471 *	2.913	—	—
农业生产受自然灾害的影响程度	1.392 *	2.487	1.771 *	2.494
水利技术专员数量	—	—	—	—
大中型农田水利设施建设数量	—	—	0.577 *	2.732
预测准确率	83.9%		83.2%	
对数似然值	53.783		52.409	
样本数量（个）	239		232	

注：*** 、** 和 * 分别表示变量在 1% 、5% 和 10% 的统计水平上显著。

（2）计量结果分析。从表 4－3 可知，各影响因素对湖南省粮食主产区和非主产区农户小型农田水利投资意愿的影响既体现了相同之处，也体现了不同之处，其相同点主要有：

第一，被调查农户文化程度、身体健康状况、对农业政策的关注程度对小型农田水利农户投资意愿的影响为正，均通过了 10% 的显著性检验，较为显著，且对粮食主产区的影响更为明显。可能的原因在于，农民文化程度越高，其文化素质的提升和综合素质的增强，越能充分认识到小型农田水利建设的重要性，投资小型农田水利建设的意愿可能越强；对农业政策的关注程度越高，越能充分了解近年来国家对“三农”问题的高度重视以及中央财政“小农水”建设支持政策，感受到的实惠和激励越多，投资小型农田水利的意愿可能越强；农民身体健康状况越好，生产经营农田面积可能越大，相应对农田水利设施的需求越强，因而投资小型农田水利的意愿越强。但在湖南省非粮食主产区，农户的文化程度越高，身体状况越好，其种粮的机会成本越大，因而参与其他生产经营活动的收益可能越多，投资小型农田水利的意愿就越低。

第二，粮食收入占总收入比重、种粮补贴占种粮投入比重对小型农田水利农户投资意愿的影响为正，且湖南省粮食主产区和非主产区均通过了10%的显著性。种粮补贴占粮食投入比重对非主产区农户小型农田水利农户投资意愿的影响程度较主产区更加突出。可能是由于，粮食收益与农田水利灌溉密切相关，良好的农田水利设施有利于防灾减灾减少生产经营风险，种粮收入占家庭总收入的比重越高，投资积极性越大，形成一种良性互动；种粮补贴作为政府间接引导投入的手段，不仅可以弥补种粮成本而且是农村家庭收入的重要补充，其占种粮投入比重越高，农户种粮积极性越大，对小农水的投资意愿越强，而湖南省非主产区的种粮补贴水平总体上普遍低于主产区，其上升空间越大，激励作用也越强，因此对非主产区的影响较主产区明显。

第三，农户对农田水利设施整体状况的评价显著负向影响其投资小型农田水利的意愿，且对非主产区的影响程度更深；小型农田水利建设对农业生产的重要程度显著正向影响农户投资小型农田水利的意愿，且对主产区的影响程度更为突出。由于农户认知及评价好坏直接影响其行为选择，若认为目前农田水利设施整体状况较好，运行正常，农业生产的基本要求能得以满足，则农户投资意愿就弱；且非主产区农田水利设施较弱，农田水利状况的整体提高能较大地满足农民的农业生产要求，因而农户对现阶段农田水利设施整体状况的评价更显著影响非主产区农户的投资意愿。

第四，自然灾害对农业生产的影响程度对小型农田水利农户投资意愿的影响为正，均通过了10%的显著性，且对非主产区的影响程度更大；水利技术专员数量在湖南省粮食主产区和非主产区均未通过显著性检验，表明这个变量不是影响区域间小型农田水利农户投资意愿的主要因素。若农户认为当地自然灾害特别是旱涝灾害频发，严重影响农业生产经营和粮食丰产丰收，则越愿意投资投劳参与小型农田水利建设，以提高抵抗灾害的能力，而湖南省粮食主产区的农田水利设施整体状况相对较为完备，对自然灾害抵抗能力较强，因而自然灾害对粮食主产区农户投资意愿的影响较非主产区弱。

除上述相同点之外，其他影响因素及其作用方向则在不同地区存在较大差异，具体体现在以下几个方面：

（1）灌溉方式对湖南省粮食主产区小型农田水利农户投资意愿的影响不显著，但对非主产区农户投资意愿的影响较为显著。可能的原因在于，目前湖南省粮食主产区的农田水利基础设施较为完备，农田灌溉方式普遍以村组织水利灌溉为主，并辅助以农户自己机械抽水，而非主产区主要靠农户机械抽水和人力运水，用水成本高。以村为主组织灌溉并辅以引灌、滴灌等现代化灌溉方式，能降低用水成本，提高水资源利用率，从而提高了投资意愿。

（2）家庭劳动力短缺状况对湖南省粮食主产区和非主产区农户投资意愿分别呈现较为显著的负向和正向影响。可能的原因是，湖南省粮食主产区农田水利设施较完善，现代化程度相应较高，对劳动力从事农业生产的替代性较强。因此，家庭劳动力越少，投资意愿越强，而在非主产区，家庭劳动力越短缺，生产能力越弱，种粮面积越小，农户越可能从事其他非农经营活动，因而投资小型农田水利建设的意愿就可能越低。

（3）预计未来农田水利基础建设的投资规划对湖南省粮食主产区小型农田水利农户投资意愿有较为显著的正向影响，而对于非主产区农户投资意愿的影响不显著。可能的原因在于，农户对未来农田水利基础建设投资规划的预计越乐观，其对农田水利基础建设越有信心，越倾向于投资农田水利建设。但在湖南省非主产区，农户对本地区农田水利基础建设未来投资规划的预计不够积极，缺乏信心，加之本身基础较差，因此大多持观望态度而不愿参与。

（4）大中型农田水利设施建设数量对湖南省粮食主产区小型农田水利农户投资意愿的影响不显著，而对非主产区农户投资意愿有较为显著的正面影响。这可能是由于，湖南省粮食主产区农田水利基础设施建设较为完善，大中型农田水利设施数量较多，对农业生产经营已经产生了比较积极的影响。而在非主产区，农田水利基础设施尚不完备，大中型农田水利设施数量较少，对农业生产经营的积极作用没能很好地发挥，如果大中型农田水利设施数量增加，则能有效促进生产和增收，提高农户投资农田水利建设的积极性。

以上所有影响因素中，农户对现阶段农田水利设施整体状况的评价和小型农田水利基础建设对农业生产的重要程度这两个变量对湖南省粮食主产区和非主产区小型农田水利农户投资意愿的影响程度均为最显著，且均通过了1%的显著性。

4.4.5 研究小结

本节在湖南省471份问卷调查的基础上，从农户的个人特征、家庭特征、心理认知特征及所在地区特征4个方面通过建立多元有序Logistic模型对比分析了湖南省粮食主产区和非主产区小型农田水利农户投资意愿及其影响因素的区域差异，得出如下结论：首先，湖南省粮食主产区和非主产区小型农田水利农户投资意愿均受农户文化程度、身体状况、对农业政策的关注度、种粮收入占家庭总收入比重、种粮补贴占种粮投入比重、小型农田水利在农业生产中的重要性以及农业生产受自然灾害的影响程度等因素的显著正向影响，而对现阶段农田水利设施整体状况的评价呈显著负向影响。其次，家庭劳动力短缺状况对湖南省粮食主产区和非主产区农户投资意愿分别呈现较为显著的负向和正向影响。再次，灌溉方式、大中型农田水利设施建设数量对粮食主产区农户投资意愿的影响不显著，而对非主产区呈现显著正向影响。预计未来农田水利基础建设的投资规划显著正向影响湖南省粮食主产区农户小型农田水利投资意愿，而对非主产区的影响不显著。最后，农户年龄、水利技术专员数量对湖南省粮食主产区和非主产区农户投资意愿的影响均不显著。

第5章　农田水利基础设施投资绩效的影响机理与路径

自新中国成立以来，特别是2011年党的中央一号文件锁定“农田水利”以来，农田水利基础设施建设取得了较大成效，投资总量不断增加，结构不断优化，促进了农业经济发展、农村社会繁荣、农民收入提高，对于解决粮食安全、提高防灾减灾抗灾能力、美化生态环境等具有重要意义。农田水利基础设施投资绩效在某种程度上主要体现在经济绩效上，经济绩效又主要体现在对“三农”问题的解决上。“三农”问题是实现我国现代化的关键所在，涉及农业生产效率提升、农户生活水平提高、城乡统筹发展等多方面问题。首先农田水利基础设施是解决“三农”问题的基础和保障，是农业增产和农民增收的必要条件。其次农田水利基础设施投资具有一定的社会绩效，如提高粮食产量，确保粮食安全，在水利安全、城镇化进程推进等方面也发挥着十分重要的作用。最后农田水利基础设施投资也具有一定的生态绩效，如美化环境，有利于青山绿水的实现等。

在对农田水利基础设施投资绩效及影响机理进行实证分析之前，本章主要围绕经济、社会、生态绩效，分别从农业经济增长、农民收入提高、国家粮食安全和水利安全以及生态环境优化4个方面对农田水利基础设施投资绩效的影响机理和路径进行理论分析。

5.1　农田水利基础设施投资与农业经济增长

农田水利基础设施投资本身资金额巨大，是直接拉动投资内需的重要内容，成为农业经济增长的强大动力。实证研究表明，农田水利基础设施投资有利于农业生产总值的增长。每增加1%的投资，将在长期内促进农业生产总值增长0.43%[①]。农田水利基础设施到底是如何影响提高农业总产值，拉动农业经济增长的，将从以下四个角度进行分析。

5.1.1 增加有效灌溉面积，提高农业总产量

由于农业生产受自然环境因素影响较大，相对于工业和服务业而言，农业生产对于水资源和水利基础设施的依赖程度高。通过农田水利基础设施投资，增加有效灌溉面积，提高农业总产量，主要体现在两个方面（见图5-1）。首先，存量农田水利基础设施的改善和增量农田水利基础设施的新建大大增加了有效灌溉面积。增加有效灌溉面积意味着实际灌溉面积的增加，对于提高亩产量具有显著作用，进而大大提高农业总产量，拉动农业经济增长。据相关部门统计，普通耕地与配套了农田水利基础设施的耕地存在产量上的明显差距。一般没有完善水利配套的普通耕地的平均产量为229.3公斤/亩，而配套了相关农田水利基础设施的灌溉性耕地平均产量为365.7公斤/亩，两者足足相差136公斤[②]。可见农田水利灌溉设施对于提高单位面积产量具有重要作用。

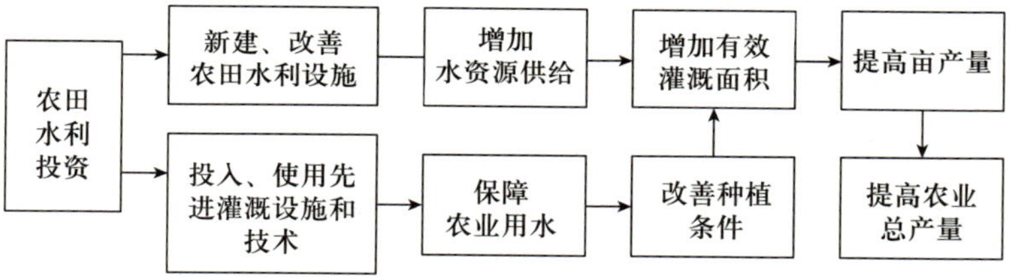

图5-1 农田水利基础设施投资对农业总产量的影响机理

其次，通过农田水利基础设施投资，投入和使用更多的先进灌溉设施和技术，代替土地投入或者抵消土地数量较少的负作用。这种由水利基础设施投资带来的技术使土地增加了“隐形”的灌溉面积，使得原来没有水源条件的土地资

① 戴维娜．农业水利基础设施建设与农业经济增长关系研究［D］．海南大学，2016.

② 崔铭．农田水利基础设施的概念和特征及其在农业发展中的作用分析［J］．科技信息，2011（11）：779-780.

源、不具备种植条件的缺水区域通过灌溉技术和水利设施成为具有农业用水保障的生产用地，农业生产条件得以改善，有效灌溉面积连年增加（见图 5 – 2），提高亩产量的同时，促进农业生产，进而提高农业总产量。

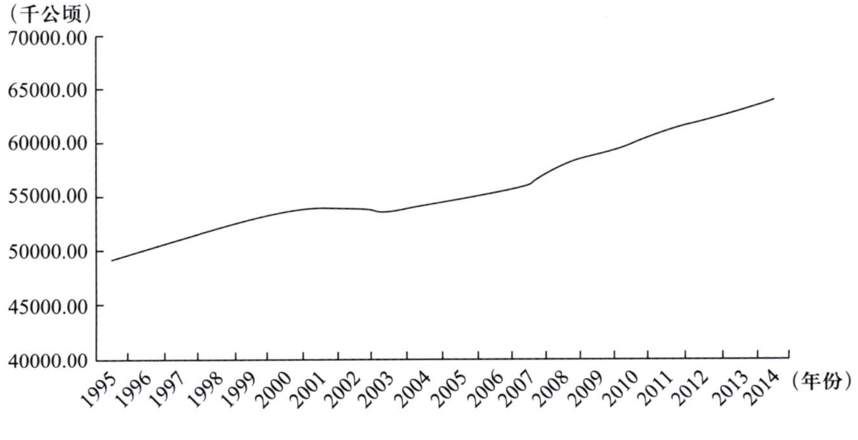

图 5 – 2　1995 ~ 2014 年我国有效灌溉面积变动走势

资料来源：历年《中国统计年鉴》。

5.1.2　发挥先行资本作用，提高农业生产效率

农业基础设施是农业经济发展的先行资本。农业基础设施建设若超前于生产部门生产水平，就能为农业生产做出潜在指导，生产者根据设施的特性调整生产，从规模和质量上提高农产品竞争优势。农田水利基础设施作为最重要的农业基础设施之一，在农业经济发展中同样具有先行资本的作用，为开展农业规模经营和后续农业技术进步等节约成本，产生规模效应和结构效应，从而提高生产效率。由表 5 – 1 可见，我国农业生产总值指数近几年一直徘徊在 104 左右，其生产总值在增加，但增速趋于放缓或停滞，表明我国农业生产已面临瓶颈，要突破瓶颈就必须从初端入手，加大先行资本的投入量。

具体而言，农田水利基础设施投资对农业生产效率的影响机理表现在规模效应和结构效应两个方面，其具体路径如图 5 – 3 所示。

表 5－1　1995～2015 年农业生产总值

年份	1995	2000	2005	2007	2009	2011	2012	2013	2014	2015
指数（上年＝100）	110.9	103.6	105.7	103.9	104.6	104.4	104.9	104.4	104.4	103.9

资料来源：《中国统计年鉴》（2016）。

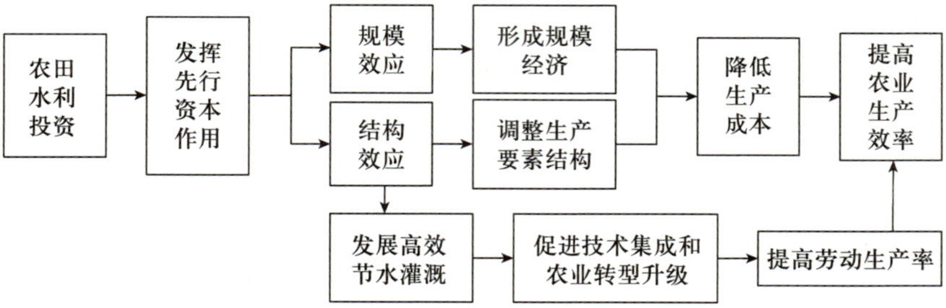

图 5－3　农田水利基础设施投资对农业生产效率的影响机理

首先，农田水利基础设施投资的规模效应主要体现为农田水利基础设施投资增加农田水利基础设施数量，改善现有水利基础设施质量。存量和增量快速发展有利于有效灌溉面积数量增长，为农户开展规模化、集约化、机械化生产创造条件，进而产生规模效应，促进农业生产从劳动密集型向技术密集型、资金密集型过渡，提升农业现代化水平，形成规模经济，降低生产成本，提高农业生产率。

其次，农田水利基础设施投资的结构效应主要体现为农田水利基础设施建设对农业生产中的劳动要素具有替代效应，对资本要素和中间要素具有互补效应；农田水利基础设施使用对其他农业生产要素投入产生影响，即通过影响资本、劳动和中间要素投入结构及水平，产生结构效应，达到农业生产平均成本的变动。农田水利基础设施存量增加 1%，粮食平均生产成本可以相应减少 0.1% 左右。农田水利基础设施还可以通过调整生产要素结构降低农业生产成本，提高生产效率，农田水利基础设施存量增加刺激了农业生产中要素投入结构的调整，扩大了资本要素和中间要素的投入比重，大大提高了农业生产效率。此外，通过发展高效节水灌溉，项目区亩均增产粮食 10%～40%，大幅度提高粮食生产能力。与传统灌溉相比，高效节水灌溉亩均可减少用工 3～5 个工作日，提高化肥、农药利用率 5% ~20%①。

与此同时，通过高效节水灌溉工程信息化管理，配套先进农业机械、农业技术等措施，显著提高劳动生产效率，促进技术集成和农业转型升级，为现代农业发展提供有力支撑。

5.1.3　优化水资源配置，促进农产品有效供给

加快农田水利基础设施投资，优化水资源配置，使供给结构更加适应需求的变化，提高供给质量，促进农产品有效供给，是新形势下农业供给侧改革的要求也是必然结果。目前，我国产业结构对经济增长拉动比例中，农业所处的第一产业对经济增长拉动乏力，近年来一直维持在 0.3% ~0.4%（见图 5 -4），这不仅与农业生产结构和产业布局不合理有关，也与水资源时空分布不均有关。这同时也说明农田水利建设在促进农业经济发展方面有着极大的空间。

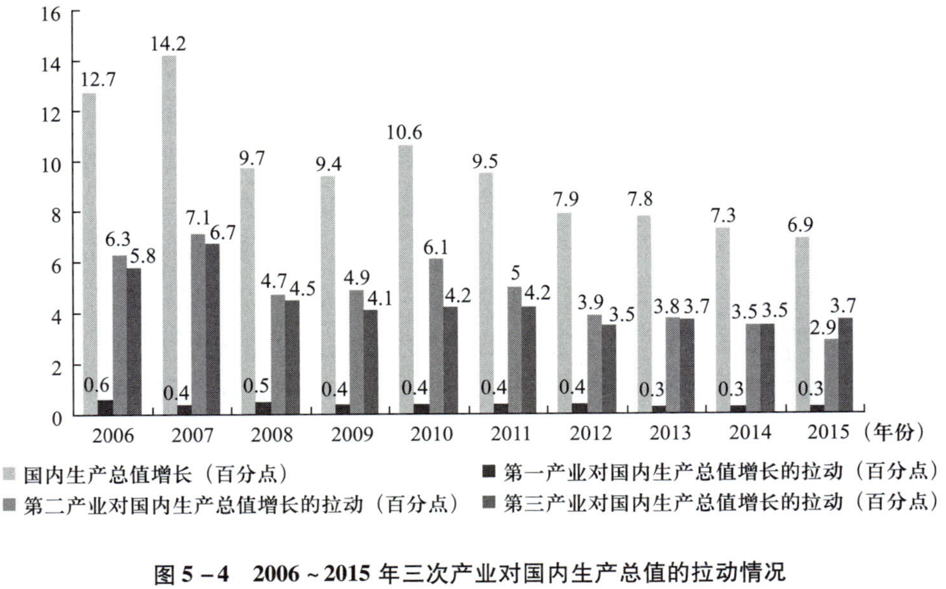

图 5 -4　2006 ~2015 年三次产业对国内生产总值的拉动情况

资料来源：中华人民共和国国家统计局。

① 赵永平．我国农业用水总量实现零增长——五年新增高效节水灌溉面积 1 亿亩［N］．人民日报，2017 -10 -07.

调整和优化现有农田水利基础设施投资规模和结构，在全国范围内科学规划和布局，有利于农业生产结构和区域布局结构的调整，进而改善农产品供给结构，促进农产品有效供给（见图5－5）。

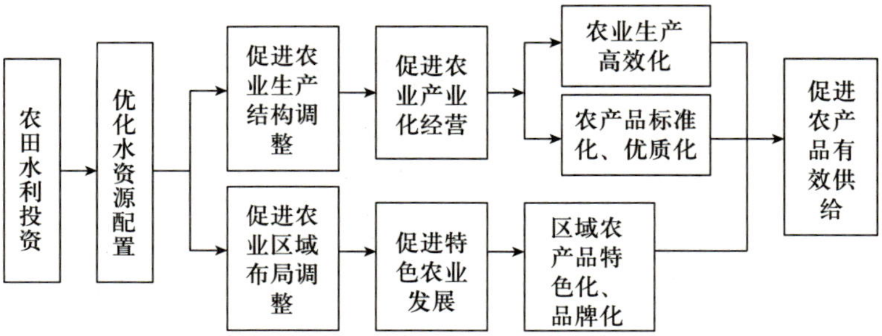

图5－5　农田水利基础设施投资对农产品有效供给的影响机理

首先，新时期农业结构调整以规模化、机械化、集约化、产业化为核心，通过农田水利基础设施投资，使其依据生产条件、市场环境的变化，改善农业种植条件，排除相关自然条件的制约，进而调整农业生产结构，进行优势发挥与劣势补偿，如在一些干旱缺水地区调整农业产业结构，农田水利基础设施恰恰为种养创造了优势条件，旱能灌，涝能排，农民适时推广优势品种，调整畅销品种，形成标准化的农产品基地建设，加快农业产业化经营。形成农业生产的高效化，农产品品质的优质化、标准化，从而达到农业生产与市场需求结构相协调，由农产品的“卖方市场”向“买方市场”转变。

其次，通过农田水利基础设施投资，使得农田水利这一重中之重的基础设施在农业地区生产条件的差异化程度进一步缩小，有利于促进农业生产区域布局合理调整，建立区域性生产特色，从而促进特色农业发展，形成区域农产品特色化、品牌化，如农产品地理标志品牌的建设，与当前特色小镇的建设融合在一起，促进农产品有效供给，带动整体农业经济的发展。

5.1.4　减少农业受灾面积，稳定农作物产量

农业之所以称为弱质产业，重要原因是农业生产在一定程度上是一项“靠天吃饭”的作业，对自然环境的依赖性强，风调雨顺则农业产量较高，灾害频发则

农业生产挫折巨大。水旱灾害的频繁发生不断给农业生产地区带来巨大损失，对经济落后地区的农民生活和经济结构单一地区农业生产带来致命一击。近年来水、旱灾害发生面积均呈现下降趋势，特别是 2010 年以来呈现稳步下降（见图 5－6），这与农田水利基础设施建设的完善密切相关。

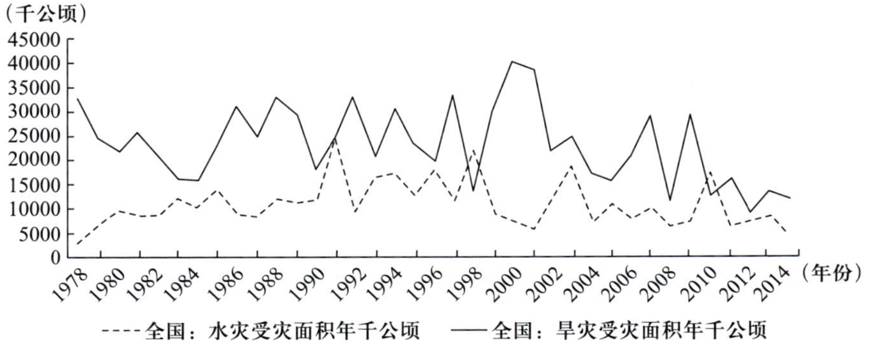

图 5－6　1978～2014 年旱涝受灾面积情况

资料来源：东方财富 Choice 数据。

一方面，通过农田水利基础设施投资，大大改善了农业生产条件，缓解了我国水资源总量供给不足、雨水时空分布不均的困境，增强了防灾减灾抗灾能力，减少了农业受灾面积和对农业生产的危害，保障了农业生产安全，稳定了农作物产量。另一方面，由于农产品产量与质量对气候、水、土壤等自然基础的依赖性很强，有些地区的自然环境在气温上十分有利于某些作物生长，但水资源匮乏，导致区域优势不能得到发挥。通过农田水利基础设施建设，可以弥补自然环境水资源分配不均的局面，通过对水资源进行人工分配，不仅为基本灌溉提供保障，而且对需水量大的农作物提高更为充沛的灌溉，保障农业用水，从而提高农产品品质，促进农业发展的可持续性（见图 5－7）。

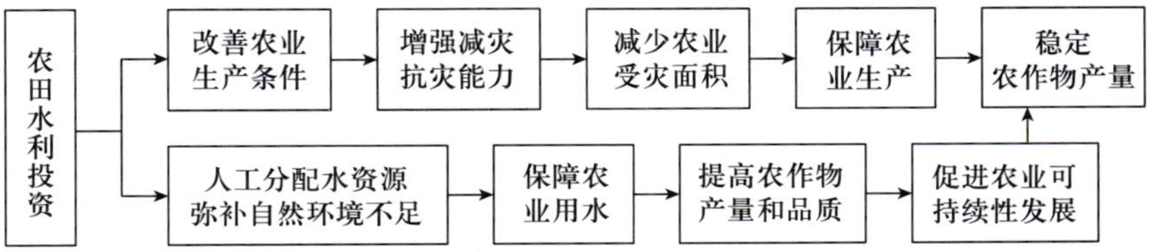

图 5－7　农田水利基础设施投资对农作物产量稳定的影响机理

5.2 农田水利基础设施投资与农民收入提高

21 世纪以来，居民收入维持快速稳定增长，2000 ~ 2016 年城镇居民家庭人均可支配收入由 6280 元提升至 33616 元，增长了 4.35 倍，年均增长 25.59%。农村居民人均可支配收入由 2253 元增长到 12363 元，增长 4.49 倍，年均增长 26.41%，均略高于城镇居民收入。此外，城乡居民人均收入差距自 2011 年以来逐年缩小，从 2009 年的 3.33 缩小到 2016 年的 2.72（见表 5 – 1）。

表 5 – 1 1995 ~ 2015 年城乡居民收入情况

年份	城镇居民收入绝对数（元）	农村居民收入绝对数（元）	城乡居民收入差距绝对数（元）	城乡居民收入差距相对值（倍）
1995	4283	1578	2705	2.71
2000	6280	2253	4027	2.79
2005	10493	3255	7234	3.22
2007	13786	4140	9646	3.33
2009	17175	5153	12022	3.33
2011	21810	6697	15113	3.26
2012	24565	7917	16648	3.10
2013	26955	8895	18060	3.03
2014	29381	9892	19489	2.97
2015	31790	10772	21018	2.95
2016	33616	12363	21253	2.72

资料来源：《中国统计年鉴》（2016）以及 2016 年《中华人民共和国国民经济和社会发展统计公报》。

农村居民收入逐渐进入良性增长的轨道，这与国家一系列增加农民收入的政策分不开。我国著名的经济学家厉以宁认为，增加农民收入，首先应该加大政府投资。包括良种基地的建设、农田水利的投入、农业科技成果的推广、农民的技术培养四个方面。其中，把农田水利投入作为增加农民收入的一条重要举措放在第二位，充分说明农田水利基础设施投资在促进农民收入增长中的作用。其影响机理和路径如图5-8所示。

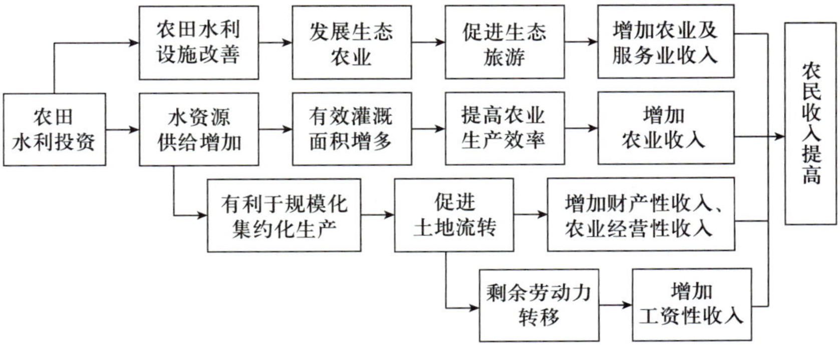

图5-8 农田水利基础设施投资对农民收入提高的影响机理

首先，农田水利基础设施投资有利于促进农田水利基础设施的建设、改造、维护、运营、管理，增加农田水利基础设施的存量和增量，促进有效灌溉面积可持续增长。农田水利基础设施建设在减少水旱灾害上也起着重要作用，我国水旱灾害对农作物减产影响十分严重，通过农田水利基础设施建设减少农作物收成损失，提高农业生产效率，促进农业收入的增加。

其次，农田水利基础设施投资大范围增加了灌溉设施，改善了灌溉条件，有利于规模化、集约化生产，鼓励农户或新型农业经营主体进行土地流转，流出土地的农户在获得流转收入的同时，还可以兼业或外出务工获得工资性收入；流入土地农户开展现代农业生产，农业生产率提高的同时促进农产品质量改进和产量提升，增加农业经营性收入。

再次，农田水利基础设施的改善和增加为农业生产向资本、技术和人才密集型转移助力，家庭农场、新型农业经营主体、农业大户的出现促进农业现代化的发展，现代农业机械的广泛使用，节约了大量农业劳动力和劳动成本，促使农村剩余劳动力流入城市工作，在加快城镇化进程的同时，增加农民工资性收入。据统计，我国农村人口于2011年已降至50%以下，2017年为41.48%。在1995~2017年的22年里，有近30%的农村人口涌向城市（见表5-2），且随着教育水平和农业现代化水平的提高，农民从事非农工作获取工资性收入的规模会进一步加快。

表 5-2 1995~2017 年城乡人口变动情况

年份	城镇		乡村	
	人口数	比重（%）	人口数	比重（%）
1995	35174	29.04	85947	70.96
2000	45906	36.22	80837	63.78
2005	56212	42.99	74544	57.01
2007	60633	45.89	71496	54.11
2009	64512	48.34	68938	51.66
2011	69079	51.27	65656	48.73
2012	71182	52.57	64222	47.43
2013	73111	53.73	62961	46.27
2014	74916	54.77	61866	45.23
2015	77116	56.1	60346	43.9
2016	79298	57.35	58973	42.65
2017	81347	58.52	57661	41.48

资料来源：《中国统计年鉴》（2016），2016~2017 年《国民经济和社会发展统计公报》。

最后，由于国家对农田水利建设日趋重视，农田水利基础设施日趋完善，对于发展生态农业和生态旅游提供了良机，为农民收入增长提供了另一条蹊径。搞好生态农业建设关键就在于利用好水资源、加强水利工程建设，实现保肥、保土、保水的作用。一方面农民可以出售农产品，获得农业收入，另一方面可以开展与农业相关的二三产业，实现一二三产业的融合发展，如观光农业、体验农业、餐饮消费等，增加服务业收入。

5.3 农田水利基础设施投资与国家安全

我国农田水利基础设施建设产生巨大经济绩效的同时，也创造了无法估量的社会绩效和生态绩效。社会绩效主要体现在保障国家粮食安全、水利安全等方面。

5.3.1　农田水利基础设施投资与国家粮食安全

国家对粮食安全的定义有以下三点：一是确保生产足够数量的粮食；二是最大限度地稳定粮食供应；三是确保所有需要粮食的人都能获得粮食。从目前社会经济发展状况来看，人们生活水平不断提升，恩格尔系数不断下降，国家粮食安全问题已基本得到解决。自 2004 年至今，我国粮食生产实现了“十四连增”，主要得益于政府一系列新的粮食生产政策的实施，如耕地保护政策、农田水利基础设施建设政策、财政支持政策、农业税费改革政策、政策性农业保险政策以及农业生产科技政策等。农田水利建设是粮食安全的物质保障，其中围绕农田水利开展的一系列政策，对粮食生产者产生激励效应，促进粮食生产，以实现粮食安全。我国用不到耕地面积 1/2 的有效灌溉面积生产出了 3/4 的粮食，充分显示了我国农田水利基础设施对粮食生产的重要作用。从我国主要农产品单位面积产量近 20 年来发展趋势看，谷物、花生等单位产量整体处于增加趋势，其增速虽有所放缓，但考虑到单位面积生产力始终是有限的，其数据提升已有了相当可观的变化（见表 5－3）。这与我国一直以来对农田水利基础设施的建设是分不开的，只有在粮食安全得到保证的前提下，才能为农业生产发挥其经济功能定位做好铺垫。因此，农田水利基础设施作为生产力水平提升的重要渠道，对其加大投资就是为国家粮食安全进行维稳保证。

表 5－3　1995～2015 年主要农作物单位产量　　单位：公斤/公顷

年份	谷物	棉花	花生	菜籽油	芝麻	甘蔗	烤烟
1995	4659	879	2687	1415	908	58133	1584
2000	4753	1093	2973	1519	1034	57626	1763
2005	5225	1129	3076	1793	1054	63970	1956
2007	5320	1286	3302	1874	1147	71228	2044
2009	5447	1289	3361	1877	1307	68093	2225
2011	5707	1310	3502	1827	1385	66485	2124

续表

年份	谷物	棉花	花生	菜籽油	芝麻	甘蔗	烤烟
2012	5824	1458	3598	1885	1463	68600	2112
2013	5894	1449	3663	1920	1490	70577	2062
2014	5892	1463	3580	1947	1468	71352	2027
2015	5984	1476	3562	1982	1519	73121	2134

资料来源：《中国统计年鉴》(2016)。

农田水利基础设施投资对国家粮食安全的影响主要通过降低粮食生产成本、提升粮食单产水平、增加粮食总产量来实现，其影响机理和路径如图5－9所示。

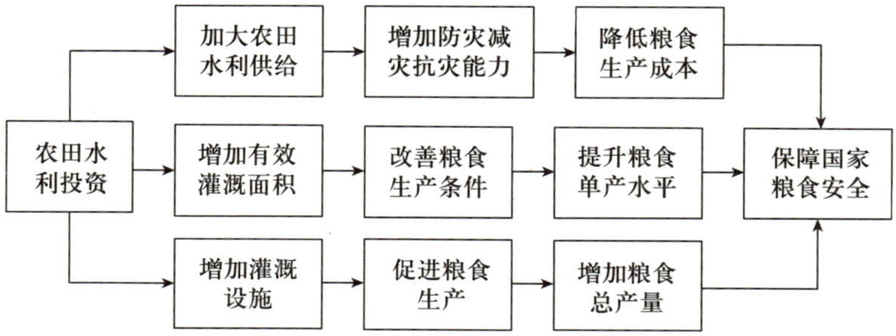

图5－9　农田水利基础设施投资对国家粮食安全的影响机理

首先，农田水利基础设施投资降低了粮食生产的自然风险。粮食生产中面临着洪涝、干旱、冰雹和病虫害等灾害，这些灾害会给粮食生产带来严重的损坏。其中旱涝灾害最频繁最严重。国家通过加大农田水利基础设施投资建设力度，增强了抵御自然灾害的能力，降低粮食生产成本和提高农户种粮的积极性，有利于粮食生产，保障国家粮食安全。

其次，农田水利基础设施投资有利于我国土地产出率和资源利用率的提高。土地资源和水资源一直是我国粮食生产的两大制约因素，在耕地面积逐年减少和水资源分布严重不平衡的粮食生产条件下，我国粮食单产逐年增加的根本原因在于农田水利基础设施不断完善，以及节水灌溉设施和技术广泛使用，有效灌溉面积不断增加，粮食生产条件大大改善，对于提高粮食单产水平起到了重要的作用。

此外，我国农业生产对灌溉设施依赖性很强，全国75%的粮食，90%的经济作物依靠灌区生产，增加灌溉设施对促进粮食生产，提高生产能力，保证粮食安全有关键性的作用。黄季焜（2004）认为水利建设投资和农业科研对实现粮食安全目标和提高农业生产竞争力有十分重要的作用。一项对58个国家基础设施与农业发展关系的研究表明，基础设施与粮食总产量的增长有正相关关系，灌溉设施每增加1%，粮食总产量将增加1.62%（见表5-4），这充分说明农田水利基础设施投资对提高粮食总产量、保障粮食安全的重要作用。

表5-4 基础设施对粮食产量的影响

基础设施的增长率（1%）	粮食总产量增长率（%）
灌溉设施	1.62
公路	0.26
农村公路密度	0.12
成人识字率	0.54

资料来源：邓淑莲．中国基础设施的公共政策［M］．上海：上海财经大学出版社，2003：40.

5.3.2 农田水利基础设施投资与国家水利安全

水是生命之源，是人类赖以生存和发展不可缺少的重要物质资源之一，也是农业生产最重要的自然资源。我国总用水量约有70%用于农业，而灌溉用水却占整个农业用水的90%①，可见农田水利基础设施投资在水利建设中的重要地位。而我国又是旱涝灾害严重的国家之一，旱涝灾害的频繁交替发生严重影响着人们的生命和财产安全。自2018年7月以来，我国多地出现大到暴雨，长江发生2次编号洪水，嘉陵江上游、涪江上游、沱江上游发生特大洪水，大渡河上中游发生大洪水，黄河发生1次编号洪水，部分中小河流发生超警以上洪水。截至2018年7月18日，我国已有27个省（区、市）遭受洪涝灾害，造成2053万人、1759千公顷农作物受灾，因灾死亡54人、失踪8人，倒塌房屋2.3万间，直接

① http：//www. kepuchina. cn/wiki/ct/201806/t20180619_ 640635. shtml.

经济损失约516亿元[①]。此外，近年来，我国越来越多的城市出现了水资源危机，缺水城市已经超过全国城市的半数以上，还有一些城市出现了水生态危机，严重影响了正常的生产和生活。随着城市化建设的加速，越来越多的农村人口向城市转移，城市生活用水、工业用水等均面临着严峻的考验，解决用水问题已经迫在眉睫。

农田水利基础设施投资在保障水利安全方面发挥着重要作用，其影响机理与路径如图5－10所示。

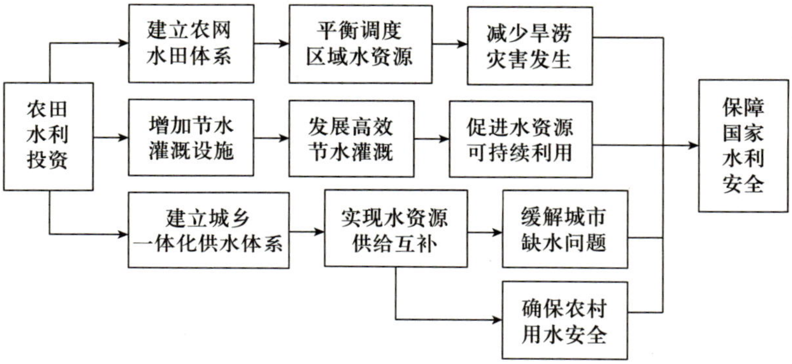

图5－10　农田水利基础设施投资对国家水利安全的影响机理

首先，通过农田水利基础设施投资，着力实施农田水网工程，建立人网和谐的农田水网体系，平衡调度区域水资源，提高水资源调控和供水保障能力。我国水资源不仅地区分布不均，而且年内年际分配不匀。大部分地区年内连续4个月降水量占全年的70%以上，连续丰水或连续枯水较为常见，旱涝灾害频繁发生，对农业生产生活带来较大影响。通过农网水田体系建设减少自然灾害发生的频率，保证农业生产安全的同时，保护人民生命财产安全。近年来，我国因水灾死亡人数持续降低，从新中国成立后的年平均人数7753人，降低到21世纪以来的1941人（见表5－5）。特别是2013年水旱灾害多重发生，但洪涝灾害死亡人数较2000年以来均值减少五成[②]。

① http://www.mwr.gov.cn/xw/slyw/201807/t20180720_1043373.html.

② 新华社．治水提速支撑发展　管水严格倒逼转型［EB/OB］．http://www.mwr.gov.cn/xw/mtzs/xhsxhw/201702/t20170213_853007.html.

表5-5　1950～2007年我国平均每10年因洪灾死亡人数

时间	1950～1957	1958～1967	1968～1977	1978～1987	1988～1997	1998～2007
年平均死亡人数（个）	7753	4324	5140	4137	4041	1941

资料来源：陈贵华．新中国农田水利建设公共政策的价值分析［J］．经济纵横，2012（12）：109－111.

其次，通过农田水利基础设施投资，进一步加大对灌溉节水的投入力度和技术支持，发展高效节水灌溉，保证农业灌溉用水的零增长或者负增长。据测算，在高效节水灌溉项目区，农田灌溉用水有效利用系数达到0.8以上，与传统地面灌溉相比可节水20%～50%，缓解农业用水不足。同时可以将节约的灌溉用水用于工业化、城镇化的进程中，促进水资源的和谐、可持续利用。

最后，通过加大农田水利基础设施投资，建立城乡一体化供水体系，实现水资源供给城乡互补，一方面可以保证农业农村用水安全，另一方面可以解决城市用水紧张或短缺问题，实现农业用水与工业用水、农村用水与城市用水的协调发展。

5.4　农田水利基础设施投资与生态环境优化

农田水利基础设施投资与生态环境密不可分，对周围的生态环境将产生长远影响，有利于实现经济、资源、环境的协调发展。主要通过保护原有生态、增加景观绿化、优化水生态来实现生态环境的保护和改善（见图5－11）。具体体现在以下三个方面：

首先，在开展农田水利工程建设时，遵循公共工程全生命周期管理的四大绿色内涵，即绿色环境、绿色工法、绿色材料及绿色能源，将节能减碳可持续工程的“绿色内涵”融入水利设施的生态工程中，一方面保护原有生态，维护动植物栖息地与生态系统，另一方面降低污染、营造生物多样性环境，从而保护生态环境不受破坏，有利于推行发展“可持续环境”。其次，在开展农田水利基础设施建设时，如在水利设施周围通过生态绿化、人工地盘绿化技术、绿化防排水技术和绿化防风技术等进行景观绿化。如水库、大坝、渠道、水塘基地内自然土层以及相关设施上的覆土层栽种适当的各种植栽，增加绿化面积。景观绿化除能够美化环境、调节温度、提高环境舒适度外，同时也具有积极的固碳效果。最后，随着现代农业发展对农田水利基础设施要求的提高，先进科学技术在农田水利基础设施中得以广泛应用，有利于农田水利建设的标准化、生态化，促进节水减排增效，优化水生态环境，从而达到保护、改善生态环境的目的。

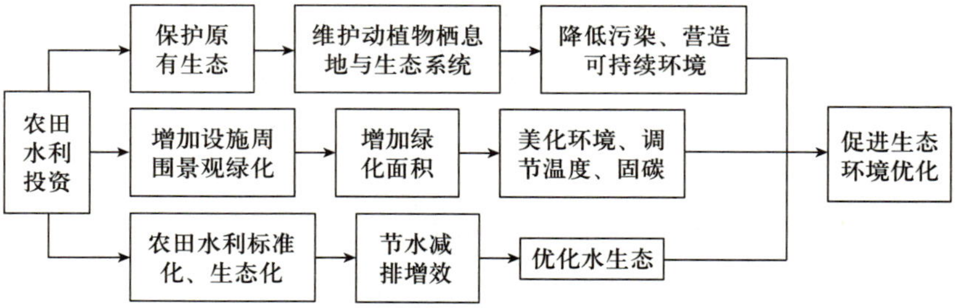

图 5－11　农田水利基础设施投资对生态环境的影响机理

第6章　宏观视角下农田水利基础设施投资绩效及其影响机理的实证研究

我国是一个农业大国，人多地少、水资源短缺、降雨时空分布不均和水旱灾害频繁的基本国情决定了农田水利基础设施在农业生产和经济社会发展中具有特别重要的作用。针对农田水利基础设施普遍老化失修、建设滞后、效益衰减等现象，近年来国家加大了对农田水利建设的重视和支持力度，对农田水利基础设施发展起到十分重要的作用。但农田水利基础设施投资绩效到底如何，各地区投资绩效水平是否存在差异，影响绩效的因素是什么，本章将在已有研究的基础上，采用 DEA - Tobit 两阶段模型，对 2002 ~2012 年我国各地区农田水利基础设施投资绩效进行核算的基础上，找出其影响因素，为进行农田水利基础设施投资决策和制定合理的农田水利政策提供依据和参考。

6.1　农田水利基础设施投资宏观绩效测评

6.1.1　生产前沿面理论和 DEA 模型介绍

（1）生产前沿面理论。经济学的生产理论经常用生产可能集描述生产技术关系，生产可能集就是既定的生产技术条件下所有可行投入和产出向量的集合，反映生产过程中投入、产出和技术三者之间的关系，可以表示为：

$P(x)=\{y:(x,y)\in T\}$ 和 $L(y)=\{x:(x,y)\in T\}$

式中，x 表示生产要素投入，y 表示产出，L(y) 表示所有可能投入的集合，

P(x) 表示所有可能产出的集合，T 代表生产中的特定技术水平。

图6－1 反映了 L(y)、P(x) 和 T 三者之间的关系。OO′与 x 轴之间围成的区域反映了生产过程中的技术水平 T；给定的一个投入水平 x_0，对应的产出集合 $P(x_0)$ 由 y 轴上封闭有界的区间［0，y_0］表示；给定一个产出水平 y_0，所对应的投入集合 $L(y_0)$ 由 x 轴上封闭无界的区间［x_0，＋∞］构成。

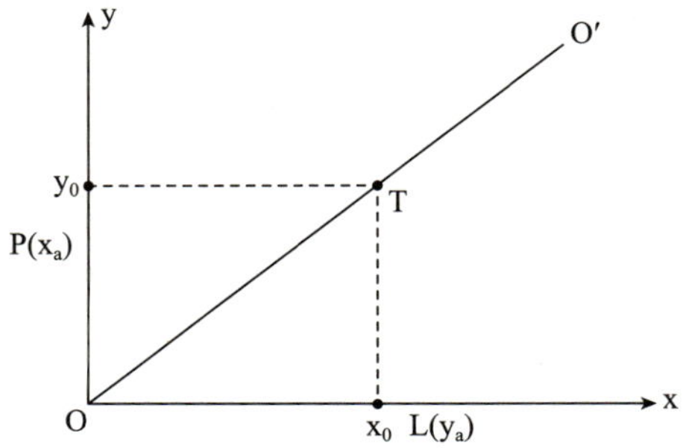

图6－1　生产可能集描述

资料来源：Kumbhakar S. & Lovell C. A. K. Stochastic Frontier Analysis［M］. Cambridge University Press, 2003：18.

在生产过程中，有限的投入得到有限的产出，无限的产出只有无限的投入才有可能实现，产出可能集还具有有界、封闭性的特征。在给定生产要素和产出价格的条件下，生产者追求的是产出最大化或投入最小化的有效生产状态。在生产可能集内，所有有效生产活动点（x，y）所构成空间中的超曲面就被称为生产前沿面。如图6－2 所示，如果将特定生产技术水平下所有可能的投入与产出组合点都标到坐标中，在这些点集的外围可以画一条包络线，使得最外围的点全部落在这条线上，同时所有其他的点又都在这条线之内，这条线所表示的就是生产前沿面。

1957 年英国剑桥大学经济学家 Farrell 在著作 *The Measurement of Productive Efficiency* 中首次提出运用前沿生产函数来测度技术效率，得到理论界的认可，而技术效率测算是以生产前沿为基础，其公式为：

技术效率＝实际产出/前沿产出

前沿产出必须在生产前沿的基础上获得，而实际中真正的生产前沿是未知的，要得到前沿产出的情况必须先估计生产前沿。Farrell 给出参数型函数方法，参数方法需要对生产函数的函数形式进行假设，非参数方法不需要。Cooper 和 Rhodes 采用了 Farrell 的非参数分段线性技术两种估计生产前沿方法①，形成了目前技术效率评价最具代表性的方法之一的数据包络分析法（Data Envelopment Analysis，DEA）。下面对这一方法进行介绍。

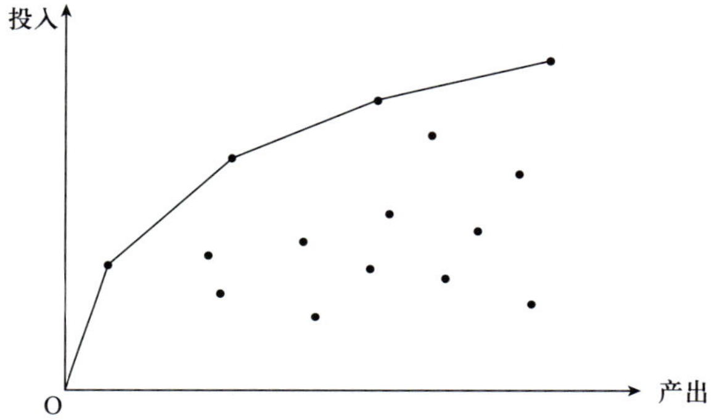

图 6－2 生产前沿面描述

资料来源：Kumbhakar S. & Lovell C. A. K. Stochastic Frontier Analysis [M]. Cambridge University Press, 2003：25.

（2）DEA 模型介绍。数据包络分析法（Data Envelopment Analysis，DEA），这是数理经济学、运筹学以及管理学交叉研究的一个新领域，是一种以相对效率为基础的目标决策方法，具有多种输入和多种输入指标的同类型部门之间相对有效性的理想方法。目前已成为评价具有相同类型决策单元（Decision Making Units，DMU）相对效率的有效方法。基本思路就是：通过综合分析投入和产出的数据，得出每个决策单元的综合效率值，确定各个决策单元是否为 DEA 有效。通过 DEA 模型可以计算出纯技术效率、综合效率和规模效率，他们之间的关系为综合效率（TE）＝规模效率（SE）×纯技术效率（PTE）。综合效率是指对决策单元的资源配置能力、资源使用效率等多方面能力的综合衡量与评价。纯技术效率是指各决策单元能否有效利用生产技术使产出最大化。规模效率是指各决策单元在实现产出最大化的要求下，其投入和产出的比例是否适当。

① Charnes A.，Cooper W. W.，Rhodes E. Measuring the Efficiency of Decision Making Units [J]. European Journal of Operational Research，1978（6）：429－444.

本书选取 BCC 模型如下：

$$\min[\theta_v - \varepsilon(\ell_1^T S^- + \ell_2^T S^+)]$$

$$\text{s.t.}\begin{cases}\sum_{j=1}^{k}\lambda_j x_j + s^- = \theta_v X_0 \\ \sum_{j=1}^{k}\lambda_j x_j - s^+ = Y_0 \\ \sum_{j=1}^{k}\lambda_j x_j = 1 \\ \lambda_j \geqslant 0, j = 1,2,\cdots,k \\ s^+ \geqslant 0 \\ s^- \geqslant 0\end{cases}$$

式中，X_0、Y_0 分别为被评价单元的投入和产出指标，θ 为决策单元的效率，ε 为非阿基米德无穷小量，在实际的应用中，ε 常取为极小的正数，例如 10^{-8}，x_j 和 λ_j 分别为第 j 个决策单元的投入量和产出量，λ_j 为各决策单元的权值，S^+ 和 S^- 为松弛量。如果 $\theta<0$，S^+，S^- 不全为 0，则表示决策单元处于 DEA 无效率状态；如果 $\theta=1$，S^+，S^- 有一个不为 0，则表示该决策单元处于弱有效状态；如果 $\theta=1$，S^+，S^- 均为 0，则表示该决策单元处于 DEA 有效率状态。

令 $k=\frac{1}{\theta}\sum_{j=1}^{n}\lambda_j$：若 $k=1$，则表示 DMU_j 的规模收益不变，此时 DMU_j 已经达到最佳规模的收益点；若 $k>1$，则表示 DMU_j 的规模收益递减；若 $k<1$，则表示 DMU_j 的规模收益递增。

6.1.2 指标体系构建及数据来源

（1）指标体系构建。农田水利基础设施建设是一个涉及经济发展和生态环保的系统。评价指标的确定必须同时兼顾以上方面的综合考虑。遵循指标选择的可比性、可得性和科学性等原则，考虑到实际统计工作的可操作性，为了保证整体有效性评价，在投入方面，本章选取资金和劳动力两个二级指标，在产出方面，选取经济绩效和生态绩效作为二级指标，并选取相应的三级指标，建立评价指标体系，如表 6－1 所示。

表6-1　农田水利基础设施投入、产出指标体系

一级指标	二级指标	三级指标	单位
投入指标	资金投入	农田水利基础设施投资（X_1）	亿元
	劳动力投入	农业劳动力（X_2）	万人
产出指标	经济绩效	粮食亩均产量（Y_1）	公斤/公顷
		农村居民纯收入（Y_2）	元
	生态绩效	除涝面积（Y_3）	千公顷
		水土流失治理面积（Y_4）	千公顷
		有效灌溉面积（Y_5）	千公顷

第一，投入指标。农田水利基础设施投入主要体现在财力和人力上，物力包含在财力之中。首先，财力主要表现为资金投入。农田水利基础设施不仅可以带动一个农村地区的总需求，还可以带动农村农业经济的发展和农民收入的提高。农田水利基础设施投资额的运用情况直接关系到农村社会的发展、农民收入和农业现代化的实现。农田水利基础设施投资额是衡量农田水利基础设施建设的一个重要指标，也是其供给资金的主要表现形式，直接反映了各级政府对农田水利基础设施建设的重视程度，以及社会对农田水利基础设施供给的参与度。因此，资金投入选取农田水利基础设施投资额（X_1）来表示。其次，人力主要表现为劳动力的投入。第一产业劳动力即农业劳动力为农田水利基础设施建设的主要人力资源，在生产和管理中发挥着重要的作用。本章选取农业劳动力（X_2）作为劳动力投入的三级指标。

第二，产出指标。产出指标主要体现在经济绩效和生态绩效两个方面。首先，经济绩效是投入的资金和劳动力反映在经济上的影响，可从宏观、中观、微观三个方面来衡量。宏观指标指的是农田水利基础设施的投入对提高农业生产能力具有长期的促进作用和累积效应，当年的投入不仅对当年发挥作用，而且会在今后一个相当长的时间内持续发挥着作用；中观指标包括农村经济发展、农村经济结构和农村消费结构等；微观指标包括可支配收入和单位资源生产能力等。本章通过粮食亩均产量（Y_1）和农村居民纯收入（Y_2）来反映。其次，生态绩效。农田水利基础设施对生态环境的影响也是巨大的。通过农田水利基础设施建设，可以有效减少自然灾害对生态环境的破坏，对于保护动植物生存和维护生态平衡有重要作用。本章通过农田除涝面积（Y_3）、水土流失治理面积（Y_4）和有效灌

溉面积（Y_5）这些指标来反映。

（2）数据来源。本章所用数据来源于2003～2013年《中国统计年鉴》《中国区域经济统计年鉴》和《中国水利统计年鉴》，统计并综合整理得出。鉴于统计数据的代表性和可获得性，选取了2002～2012年的数据为样本，以我国31个省（直辖市、自治区）为决策单元（DMU）。

为了更好地分析我国各地区农田水利基础设施投资绩效，以及对各个不同的地域进行比较，以更好地利用资源禀赋条件，现将我国31个省（直辖市、自治区）分为东、中、西部，如表6－2所示。

表6－2　我国东、中、西部划分

区域	个数	地区
东部	12	辽宁、北京、天津、河北、山东、江苏、上海、浙江、福建、广东、广西、海南
中部	9	山西、内蒙古、吉林、黑龙江、安徽、江西、河南、湖北、湖南
西部	10	陕西、甘肃、青海、宁夏、新疆、四川、重庆、云南、贵州、西藏

根据以上分类，进一步分析我国各地区农田水利基础设施投资绩效，对各个不同的地域进行比较分析，以便更好地利用资源禀赋条件促进农田水利基础设施投资绩效的提高。

6.1.3　农田水利基础设施投资宏观绩效分析

（1）纯技术效率分析。纯技术效率反映农田水利基础设施在一定投入的基础之上，各个省份的使用效率的高低。通过表6－3可以看出，北京、天津、河北等13个省份农田水利基础设施投资纯技术效率均为1，辽宁、浙江、甘肃3个省份只有个别年份纯技术效率值小于1，说明其投入得到了较好的利用。从地域差异来看，我国各地区农田水利基础设施投入产出的纯技术效率存在显著的地域差异，总体上讲，我国东部地区农田水利投入产出的平均纯技术效率值大于中部地区，明显高于西部地区。这说明中东部地区经济较发达，农田水利基础设施比较完善，经济的发展为其效率的提高奠定了较好的基础。西部地区农田水利基础设施使用效率较低的主要原因是对资金的利用不合理。因此，政府应该加强对农田水利基础设施投入资金的监督和管理。

表 6-3　我国各地区农田水利基础设施投入产出纯技术效率

年份 / DMU	2002	2003	2004	2005	2006	2007	2008	2009	2010	2011	2012	地区
辽宁	1	1	1	1	1	1	1	0.963	0.975	1	1	
北京	1	1	1	1	1	1	1	1	1	1	1	
天津	1	1	1	1	1	1	1	1	1	1	1	
河北	1	1	1	1	1	1	1	1	1	1	1	
山东	1	1	1	1	1	1	1	1	1	1	1	
江苏	1	1	1	1	1	1	1	1	1	1	1	
上海	1	1	1	1	1	1	1	1	1	1	1	东部
浙江	1	1	1	1	0.998	1	1	1	1	1	1	
福建	0.761	0.815	0.809	0.828	0.788	0.92	0.895	0.972	1	1	1	
广东	0.829	0.839	0.777	0.806	0.768	0.817	0.772	0.806	1	1	1	
广西	0.747	0.75	0.692	0.72	0.701	0.771	0.704	0.802	0.876	0.936	0.958	
海南	1	0.786	0.784	0.645	0.839	1	0.781	0.788	0.756	0.806	0.817	
均值	0.945	0.933	0.922	0.917	0.925	0.959	0.929	0.944	0.967	0.979	0.981	
山西	0.726	0.754	0.796	0.751	0.752	0.797	0.776	0.661	0.762	0.843	0.792	
内蒙古	1	1	1	1	1	1	1	1	1	1	1	
吉林	1	1	1	1	1	1	1	1	1	1	1	
黑龙江	1	1	1	1	1	1	1	1	1	1	1	
安徽	0.919	0.87	0.993	0.994	0.947	1	1	0.923	0.969	0.86	0.792	
江西	1	0.881	0.905	0.855	0.843	0.902	0.852	0.966	0.907	0.863	0.715	中部
河南	1	1	1	1	1	1	1	1	1	1	1	
湖北	1	1	0.998	0.95	0.914	0.931	0.9	0.994	1	1	1	
湖南	0.998	0.974	0.969	0.928	0.904	0.964	0.921	0.971	1	1	1	
均值	0.960	0.942	0.962	0.942	0.929	0.955	0.939	0.946	0.960	0.952	0.922	
陕西	1	1	0.997	0.968	0.94	0.984	0.953	0.871	0.741	0.678	0.543	
甘肃	0.899	0.975	1	1	1	1	1	1	1	1	1	
青海	0.749	0.957	0.792	0.91	0.797	0.744	0.713	1	1	0.703	0.939	西部
宁夏	1	1	1	1	1	1	1	1	1	1	1	
新疆	1	1	1	1	1	1	1	1	1	1	1	

续表

年份 / DMU	2002	2003	2004	2005	2006	2007	2008	2009	2010	2011	2012	地区
四川	0.941	0.926	0.928	0.919	0.849	0.908	0.886	0.961	0.934	0.908	0.528	西部
重庆	0.76	0.928	0.904	0.924	0.7	1	0.977	1	1	0.899	0.709	
云南	0.713	0.7	0.683	0.682	0.685	0.723	0.688	0.761	0.723	0.711	0.54	
贵州	0.666	0.723	0.724	0.711	0.656	0.776	0.715	0.823	0.742	0.552	0.575	
西藏	1	1	1	1	1	1	1	1	1	1	1	
均值	0.873	0.921	0.903	0.911	0.863	0.914	0.893	0.942	0.914	0.845	0.783	
全国均值	0.926	0.932	0.927	0.922	0.906	0.943	0.920	0.944	0.948	0.928	0.900	

（2）规模效率分析。

表 6－4 我国各地区农田水利基础设施投入产出规模效率

年份 / DMU	2002	2003	2004	2005	2006	2007	2008	2009	2010	2011	2012	地区
辽宁	0.561	0.558	0.548	0.664	0.642	0.718	0.832	0.739	0.833	0.877	0.87	东部
北京	1	1	1	1	1	1	1	1	1	1	1	
天津	1	1	1	1	1	1	1	1	1	1	1	
河北	0.892	1	1	1	0.955	1	1	0.974	1	1	1	
山东	0.549	0.567	0.541	0.569	0.527	0.814	0.77	0.736	0.8	0.713	0.679	
江苏	0.557	0.562	0.57	0.598	0.553	0.657	0.626	0.562	0.669	0.542	0.505	
上海	1	1	1	1	1	1	1	1	1	1	1	
浙江	0.284	0.28	0.284	0.339	0.328	0.427	0.474	0.554	0.52	0.524	0.555	
福建	0.445	0.464	0.386	0.446	0.525	0.737	0.825	0.8	0.75	0.824	0.971	
广东	0.196	0.18	0.197	0.23	0.239	0.34	0.54	0.565	0.557	0.547	0.986	
广西	0.388	0.43	0.476	0.431	0.54	0.725	0.709	0.645	0.684	0.774	0.975	
海南	1	0.936	0.616	0.661	0.986	1	0.787	0.844	0.815	0.911	0.92	
均值	0.656	0.665	0.635	0.662	0.691	0.785	0.797	0.785	0.802	0.809	0.872	

续表

年份 DMU	2002	2003	2004	2005	2006	2007	2008	2009	2010	2011	2012	地区
山西	0.607	0.901	0.792	0.823	0.878	0.986	0.991	0.919	0.986	0.988	0.948	
内蒙古	1	1	1	1	1	1	1	1	1	1	1	
吉林	1	1	0.987	1	1	0.86	0.904	0.672	0.796	0.907	0.963	
黑龙江	1	1	1	1	1	1	1	1	1	1	1	
安徽	0.615	0.638	0.881	0.917	0.884	0.978	1	0.808	0.995	0.963	0.994	
江西	1	0.889	0.93	0.725	0.763	0.677	0.728	0.712	0.84	0.912	0.991	
河南	0.598	0.655	0.664	0.668	0.695	0.817	0.812	0.771	0.889	0.852	0.85	
湖北	1	0.623	0.67	0.587	0.445	0.642	0.685	0.632	0.773	0.769	0.986	中部
湖南	0.743	0.52	0.586	0.585	0.608	0.648	0.676	0.63	0.686	0.731	0.97	
均值	0.840	0.803	0.834	0.812	0.808	0.845	0.866	0.794	0.885	0.902	0.967	
陕西	0.721	0.741	0.835	0.85	0.733	0.995	0.945	0.985	0.986	0.932	0.997	
甘肃	0.934	0.978	1	1	0.983	1	1	1	1	1	1	
青海	0.961	0.94	0.978	0.967	0.991	0.953	0.991	0.794	0.845	0.997	0.714	
宁夏	1	0.996	1	1	1	1	1	1	1	1	1	
新疆	1	1	1	1	1	1	1	1	1	1	1	
四川	0.442	0.491	0.537	0.562	0.566	0.511	0.542	0.567	0.596	0.583	0.997	
重庆	0.685	0.878	0.769	0.732	0.803	0.681	0.752	0.677	0.724	0.777	0.927	
云南	0.548	0.435	0.522	0.453	0.481	0.644	0.712	0.625	0.692	0.757	0.958	
贵州	0.726	0.587	0.562	0.462	0.441	0.582	0.704	0.568	0.691	0.952	0.92	西部
西藏	1	1	1	1	1	1	0.932	0.971	1	1	1	
均值	0.802	0.805	0.820	0.803	0.800	0.837	0.858	0.819	0.853	0.900	0.951	
全国均值	0.757	0.750	0.753	0.751	0.760	0.819	0.837	0.798	0.843	0.866	0.925	

规模效率反映在投入一定的条件下，决策单元的生产规模接近最优生产规模的程度。规模效率越大，则说明该决策单元的生产规模与最优生产规模

越接近，反之则越远离最优生产规模。从表 6－4 中可以看出：自 2002 年以来，全国农田水利基础设施投资规模效率总体上保持上升趋势，从 2002 年的 0.757 上升到 2012 年的 0.925，上涨了 22.19%。东、中、西部也均保持了较好的增势。全国 31 个地区农田水利基础设施投入产出的规模效率平均值除了少数几个地区外大部分都超过了 0.6，说明我国农田水利基础设施投入产出总体上是规模有效的，但是存在地域性差异。其中北京、天津、上海、内蒙古、黑龙江、新疆 6 个省份自 2002 年到 2012 年规模效率均为 1，表现出好的规模效率。但江苏、浙江的规模效率较低，在 0.6 以下，可能与其第二、第三产业发展快，而第一产业比重低，农田水利基础设施建设规模欠佳有关。

（3）综合效率分析。

表 6－5　我国各地区农田水利基础设施投入产出综合效率

年份 DMU	2002	2003	2004	2005	2006	2007	2008	2009	2010	2011	2012	地区
辽宁	0.561	0.558	0.548	0.664	0.642	0.718	0.832	0.712	0.813	0.877	0.87	东部
北京	1	1	1	1	1	1	1	1	1	1	1	
天津	1	1	1	1	1	1	1	1	1	1	1	
河北	0.892	1	1	1	0.955	1	1	0.974	1	1	1	
山东	1	1	1	1	1	1	1	1	1	1	1	
江苏	1	1	1	1	1	1	1	1	1	1	1	
上海	1	1	1	1	1	1	1	1	1	1	1	
浙江	1	1	1	1	1	1	1	1	1	1	1	
福建	1	1	1	1	1	1	1	1	1	1	1	
广东	1	1	1	1	1	1	1	1	1	1	1	
广西	0.721	0.741	0.833	0.823	0.689	0.98	0.9	0.858	0.863	0.873	0.955	
海南	1	0.736	0.483	0.426	0.827	1	0.615	0.665	0.616	0.734	0.752	
均值	0.931	0.920	0.905	0.909	0.926	0.975	0.946	0.934	0.941	0.957	0.965	

续表

年份 DMU	2002	2003	2004	2005	2006	2007	2008	2009	2010	2011	2012	地区
山西	0.441	0.679	0.63	0.618	0.66	0.786	0.769	0.607	0.751	0.834	0.751	
内蒙古	1	1	1	1	1	1	1	1	1	1	1	
吉林	1	1	0.987	1	1	0.86	0.904	0.672	0.796	0.907	0.963	
黑龙江	1	1	1	1	1	1	1	1	1	1	1	
安徽	0.565	0.555	0.875	0.911	0.837	0.978	1	0.746	0.965	0.829	0.787	
江西	1	0.784	0.842	0.62	0.643	0.611	0.621	0.687	0.762	0.786	0.708	中部
河南	0.598	0.655	0.664	0.668	0.695	0.817	0.812	0.771	0.889	0.852	0.85	
湖北	1	1	1	1	1	1	1	1	1	1	1	
湖南	1	1	1	1	1	1	1	1	1	1	1	
均值	0.845	0.853	0.889	0.869	0.871	0.895	0.901	0.831	0.907	0.912	0.895	
陕西	0.29	0.323	0.33	0.31	0.378	0.559	0.499	0.518	0.507	0.525	0.53	
甘肃	0.84	0.954	1	1	0.983	1	1	1	1	1	1	
青海	0.719	0.9	0.774	0.88	0.79	0.709	0.706	0.794	0.845	0.702	0.671	
宁夏	1	0.996	1	1	1	1	1	1	1	1	1	
新疆	1	1	1	1	1	1	1	1	1	1	1	
四川	0.415	0.454	0.499	0.516	0.481	0.464	0.48	0.545	0.556	0.53	0.526	
重庆	0.521	0.815	0.695	0.677	0.562	0.681	0.735	0.677	0.724	0.699	0.657	西部
云南	0.39	0.304	0.357	0.309	0.33	0.465	0.49	0.476	0.5	0.538	0.517	
贵州	0.484	0.425	0.406	0.329	0.289	0.452	0.503	0.468	0.513	0.525	0.529	
西藏	1	1	1	1	1	1	0.932	0.971	1	1	1	
均值	0.666	0.717	0.706	0.702	0.681	0.733	0.735	0.745	0.765	0.752	0.743	
全国均值	0.821	0.835	0.836	0.831	0.831	0.874	0.864	0.843	0.874	0.878	0.873	

从表6－5可以看出：

第一，总体上我国各地区农田水利基础设施综合效率均值在0.821～0.878，说明在2002～2012年全国31个地区的农田水利基础设施在整体上处于较高水平。我国农田水利基础设施投资绩效稳步提高，近年来其相对效率值维持在0.85

左右。这主要是由于自农村税费改革以来，农田水利基础设施建设越来越受到国家和政府各部门重视，资金投入力度加大，管理体制进一步深化，但投资绩效还有较大的提升空间。

第二，2002～2012 年，北京、天津、山东、江苏、上海、浙江、福建、广东、内蒙古、黑龙江、湖北、湖南、新疆 13 个地区的综合效率一直为 1，达到了 DEA 的完全有效，即投资有效，而其他省份呈现不同程度的变化，其中海南、甘肃、重庆、贵州波动较大。这主要与当地的经济发展水平、政策体制完善程度以及自然灾害等有关。

第三，从地区来看，我国中东部地区农田水利基础设施投入产出的综合效率要高于全国水平且每年相差比较小。西部地区历年的农田水利基础设施投入产出的综合效率均低于全国平均水平，这些表明我国农田水利基础设施投资绩效呈现出区域性差异，尤其是中东部和西部地区差异明显，中东部地区省份每年基本处于最有效率的前沿面，而西部地区省份则相对远离前沿面。这可能是由于中东部地区经济较发达，农田水利基础设施比较完善，经济的发展为其效率的提高奠定了较好的基础。

第四，农业发展滞后区农田水利投入产出的综合效率值一直较低，如贵州、云南、陕西等。除区位因素的影响，现代农田水利技术的缺乏和先进科技的推广乏力也束缚了投资绩效的提高。

（4）规模报酬分析。

表 6－6　东部地区规模报酬变化情况

DMU \ 年份	2002	2003	2004	2005	2006	2007	2008	2009	2010	2011	2012
辽宁	递减	递减	递减	递减	递减	递减	递减	递减	递减	递减	递减
北京	不变	不变	不变	不变	不变	不变	不变	不变	不变	不变	不变
天津	不变	不变	不变	不变	不变	不变	不变	不变	不变	不变	不变
河北	递减	不变	不变	不变	递减	不变	不变	递减	不变	不变	不变
山东	不变	不变	不变	不变	不变	不变	不变	不变	不变	不变	不变
江苏	不变	不变	不变	不变	不变	不变	不变	不变	不变	不变	不变
上海	不变	不变	不变	不变	不变	不变	不变	不变	不变	不变	不变
浙江	不变	不变	不变	不变	不变	不变	不变	不变	不变	不变	不变

续表

年份/DMU	2002	2003	2004	2005	2006	2007	2008	2009	2010	2011	2012
福建	不变	不变	不变	不变	不变	不变	不变	不变	不变	不变	不变
广东	不变	不变	不变	不变	不变	不变	不变	不变	不变	不变	不变
广西	递减	递减	递减	递减	递减	递减	递减	递减	递减	递减	递减
海南	不变	递减	递减	递减	递减	不变	递减	递减	递减	递减	递增

从表 6 – 6 可以看出：

（1）规模报酬不变的地区和年份较多。如北京、天津、山东、江苏、上海、浙江、福建、广东 8 个地区自 2002 ~ 2012 年农田水利基础设施投入产出规模报酬一直处于不变的状态，也就是这些地区在这 11 年里不会因为规模的扩大或者缩小而影响投入产出的效率，这与当地的经济发展情况较好以及农田水利基础设施基础较好有关。

（2）辽宁、广西、海南 3 个地区农田水利基础设施投入产出规模报酬一直处于递减状态，说明这些地区无法或者很难从规模效率上下功夫，从而影响总的投入产出水平，即使扩大规模也无法达到现有的效益水平，因此，这些地区只能从技术效率上来进一步提高。

表 6 – 7　中部地区规模报酬变化情况

年份/DMU	2002	2003	2004	2005	2006	2007	2008	2009	2010	2011	2012
山西	递减	递减	递减	递减	递减	递减	递减	递减	递减	递减	递增
内蒙古	不变	不变	不变	不变	不变	不变	不变	不变	不变	不变	不变
吉林	不变	不变	递减	不变	不变	递减	递减	递减	递减	递减	递减
黑龙江	不变	不变	不变	不变	不变	不变	不变	不变	不变	不变	不变
安徽	递减	递减	递减	递减	递减	递减	不变	递减	递增	递减	递增
江西	不变	递减	递减	递减	递减	递减	递减	递减	递减	递减	递减
河南	递减	递减	递减	递减	递减	递减	递减	递减	递减	递减	递减
湖北	不变	不变	不变	不变	不变	不变	不变	不变	不变	不变	不变
湖南	不变	不变	不变	不变	不变	不变	不变	不变	不变	不变	不变

从表6－7可以看出：

（1）大部分中部地区处于规模报酬递减的状态。如山西、江西、河南3个地区2002～2012年都处于递减的规模报酬，安徽省除2008年以外也均处于规模报酬递减状态。说明这些地区增加投入量不会提高农田水利基础设施投入产出的效率水平，需要通过提高技术效率来提高总体效率。

（2）内蒙古、黑龙江地区的规模报酬一直处于不变状态，这些地区地处北方，拥有比较广阔的平原、肥沃的土地资源以及较好的水利条件，适宜机械化生产和大规模种植。

表6－8　西部地区规模报酬变化情况

年份 DMU	2002	2003	2004	2005	2006	2007	2008	2009	2010	2011	2012
陕西	递减	递减	递减	递减	递减	递减	递减	递减	递减	递减	递增
甘肃	递减	递增	不变	不变	递增	不变	不变	不变	不变	不变	不变
青海	递增	递增	递增	递增	递增	递减	递增	递增	递增	递减	递增
宁夏	不变	递增	不变	不变	不变	不变	不变	不变	不变	不变	不变
新疆	不变	不变	不变	不变	不变	不变	不变	不变	不变	不变	不变
四川	递减	递减	递减	递减	递减	递减	递减	递减	递减	递减	递减
重庆	递减	递减	递减	递减	递减	递减	递减	递减	递减	递减	递减
云南	递减	递减	递减	递减	递减	递减	递减	递减	递减	递减	递增
贵州	递减	递减	递减	递减	递减	递减	递减	递减	递减	递减	递增
西藏	不变	不变	不变	不变	不变	不变	递增	递增	不变	不变	不变

从表6－6～表6－8可以看出：我国农田水利基础设施投资绩效中的规模报酬呈现出不同形态，这主要是因为不同的经济发展状况和资源条件所决定的。因此，我国各地区应该根据本地实际情况，充分利用自身资源优势，因地制宜，转变发展方式，提高投资绩效。

（1）与东部和中部地区相比，西部地区处于递增规模报酬的地区和年份相对较多。这说明我国西部地区农田水利基础设施供给匮乏，要提高西部地区农田水利基础设施投资绩效，需要大量增加投入来扩大规模，提高规模报酬。

（2）新疆地区的农田水利基础设施规模报酬一直处于不变状态。下面以

2012 年为代表，把我国各地区农田水利基础设施投入产出效率及规模报酬情况汇总在表 6 -9 中。

表 6 -9　2012 年我国各地区农田水利基础设施投入产出效率及规模报酬

DMU	TE	PTE	SE	RS	地区类别
辽宁	0. 87	1	0. 87	drs	东部
北京	1	1	1	—	
天津	1	1	1	—	
河北	1	1	1	—	
山东	1	1	1	—	
江苏	1	1	1	—	
上海	1	1	1	—	
浙江	1	1	1	—	
福建	1	1	1	—	
广东	1	1	1	—	
广西	0. 955	0. 958	0. 997	drs	
海南	0. 752	0. 817	0. 92	irs	
山西	0. 751	0. 792	0. 948	irs	中部
内蒙古	1	1	1	—	
吉林	0. 963	1	0. 963	drs	
黑龙江	1	1	1	—	
安徽	0. 787	0. 792	0. 994	irs	
江西	0. 708	0. 715	0. 991	drs	
河南	0. 85	1	0. 85	drs	
湖北	1	1	1	—	
湖南	1	1	1	—	
陕西	0. 53	0. 543	0. 975	irs	
甘肃	0. 679	1	0. 679	drs	西部
青海	0. 671	0. 939	0. 714	irs	
宁夏	0. 684	0. 705	0. 971	drs	
新疆	1	1	1	—	

续表

DMU	TE	PTE	SE	RS	地区类别
四川	0.526	0.528	0.997	drs	西部
重庆	0.657	0.709	0.927	drs	
云南	0.517	0.54	0.958	irs	
贵州	0.529	0.575	0.92	irs	
西藏	0.648	0.669	0.97	drs	
平均值	0.847	0.893	0.949		

注：表中 TE 表示综合效率，PTE 表示纯技术效率，SE 表示规模效率，RS 表示规模报酬情况，drs 表示规模报酬递减，irs 表示规模报酬递增，—表示规模报酬不变。

由表 6－9 可知，北京、天津、河北、山东、新疆等 14 个省份农田水利基础设施投资绩效达到 DEA 有效，即这些省份的农田水利基础设施投入产出比例合理，效率达到了相对最优；其余为非 DEA 有效。总体而言，我国西部地区农田水利基础设施投资绩效偏低。

从纯技术效率角度来看，吉林、河南、甘肃 3 个省份农田水利基础设施投资的纯技术效率为 1，但规模效率小于 1，属于非 DEA 有效。与纯技术效率相比，规模效率对非 DEA 有效省份的影响更大。因此，规模效率在很大程度上反映了我国农田水利基础设施投入产出的综合能力。从规模效率角度来看，除甘肃省外，其他省份规模效率值都超过了 0.7，且有 28 个省份超过 0.9，说明我国农田水利基础设施投入产出总体上是规模有效的，但是存在地域性差异（见表 6－10）。东部地区规模不变率为 75%，总体上表现良好。西部地区农田水利基础设施投入产出规模效率递增和递减比例分别达到 40% 和 50%，居首位，说明资源配置存在严重的不合理，投入规模不够和资源滥用并存。而中部地区农田水利基础设施投入产出规模效率递减比例较大，达到 33.3%，说明应进一步充分利用和合理分配投入资源，提高产出效率。

表 6－10　我国不同地区农田水利基础设施投入产出规模效率分布

地区类别	规模效率（个）			比重（%）			总计
	递减	不变	递增	递减	不变	递增	
东部	2	9	1	16.7	75	8.3	12

续表

地区类别	规模效率（个）			比重（%）			总计
	递减	不变	递增	递减	不变	递增	
中部	3	4	2	33.3	44.4	22.2	9
西部	5	1	4	50	10	40	10

6.2 农田水利基础设施投资宏观绩效影响机理的实证分析

6.2.1 DEA - Tobit 模型介绍

运用 BCC 模型得出决策单元的效率值之后，需要进一步分析效率值受哪些因素的影响以及影响的程度。但是当使用 BCC 模型确定效率值作为回归模型的被解释变量时，就面临效率值大于 0 小于 1 的数据截取问题，在这种情况下，普通最小二乘法（OLS）的轨迹结果为有偏不一致（Greene，1981）。为解决这一类问题，创始人 Tobit（托宾）1958 年提出了截取回归模型，即 Tobit 模型。这种先由 DEA 方法求出效率值，再用 Tobit 模型进行回归的方法称之为 DEA - Tobit 两阶段法。具体模型如下：

$$y_{it} = x_{it}\beta + \alpha_i + \varepsilon_{it}$$

式中，y_{it}为因变量，即效率值，x_{it}为自变量，表示会对综合效率造成影响的变量，α_i 和 ε_{it}服从正态分布且不相关。

6.2.2 指标选取与研究假设

对 2002 ~2012 年 31 个省（自治区、直辖市）农田水利基础设施投资绩效进行分析后，进一步研究其影响机理。本书选择以 2002 ~2012 年 31 个省（自治区、直辖市）农田水利基础设施投入产出综合效率（y）作为被解释变量，对其与各种影响因素之间可能存在的关系提出若干假设：

（1）通常认为较富裕的农民能够给当地政府施加更大的压力，以满足他们所需要的有效的农田水利基础设施水平，经济发达水平会对农田水利基础设施投资绩效的提升产生重要作用，所以人均 GDP 对农田水利基础设施投资绩效有正向影响；

（2）文盲率指文盲人口占 15 岁及以上人口的比重，一般认为教育可以提高居民识别官员腐败的能力，农田水利基础设施投资绩效与当地文盲率负相关；

（3）政府财政投资是农田水利基础设施建设的重要来源，一般认为提高农田水利基础设施财政支出的比重可以促进农田水利基础设施的有效供给；

（4）制度、政策作为虚拟变量，如“小农水”补助专项资金、农田水利管理体制改革等，这些制度对农田水利基础设施投资绩效是否有影响，是正的还是负的影响以及影响程度如何，暂时未知，需要作进一步的分析。

因此本章选择农田水利基础设施投入产出综合效率（y）作为因变量，选择人均 GDP（X_1）、农村文盲率（X_2）、农田水利支出比重（X_3）、政策虚拟变量、“小农水”补助专项资金政策 X_4（2007 年以后取值 1，其他年份取值 0）、农田水利管理体制改革 X_5（2006 年以后取值 1，其他年份取值 0）作为自变量。研究所用数据均来源于 2003 ~ 2013 年《中国统计年鉴》，经统计并综合整理得出。

6.2.3 模型估计

运用 Stata12.0 软件估计结果如表 6 – 11 所示。

表 6 – 11 我国农田水利基础设施投资绩效影响因素的分析结果

解释变量	回归系数	标准误差	p 值
人均 GDP（X_1）	–0.169	0.206	0.000
农村文盲率（X_2）	–0.017	0.078	0.008
农田水利支出比重（X_3）	–0.073	0.003	0.002
“小农水”补助专项资金政策（X_4）	0.140	0.067	0.039
农田水利管理体制改革（X_5）	0.117	0.052	0.020
常数项	0.845	0.051	0.000

注：p 值为参数估计量对应的真实概率水平。$p = 0.050$ 是统计学意义上的边界线；当 $0.010 < p \leq 0.050$ 时，参数估计量被认为具有统计学意义；当 $0.000 \leq p$ 小于等于 0.010 时，参数估计量被认为具有高度统计学意义。

6.2.4 结果分析

（1）人均 GDP 对农田水利基础设施投资绩效的影响为负，这与我们一般认为的富裕程度对效率有正面的影响相反。可能的原因是，在一般情况下人均 GDP 高的省份第二产业和第三产业比较发达，导致对农业的重视程度不够，进而对农田水利基础设施的重视程度也不够，该检验也说明地方经济的增长不一定对农田水利基础设施投入产出效率有促进作用。

（2）农村文盲率的回归系数显著为负，验证了农村劳动力文盲率越高，农田水利基础设施投资绩效就越低。

（3）农田水利基础设施财政支出占总财政支出的比重与农田水利基础设施投资绩效负相关，这与一般的研究不相符合。可能的原因是农田水利基础设施财政支出不断上升，但资金的使用效率不是很高，财政制度不完善，监管体系存在缺陷，进而导致投资绩效较低。

（4）“小农水”补助专项资金政策对农田水利基础设施投资绩效影响为正，说明中央财政设立小型农田水利工程建设补助专项资金之后，形成农田水利基础设施建设管理的良性运行机制，提高了资金的使用效率。

（5）农田水利管理体制改革对农田水利基础设施投资绩效影响也为正，说明建立以政府投资为主的多元投资机制之后，加快了农田水利管理体制和基础设施产权制度改革，调动了广大农民投资投劳开展农田水利基础设施建设的积极性。

6.3 研究小结

本章利用 DEA - Tobit 两阶段方法分析了 2002 ~ 2012 年我国 31 个省（自治区、直辖市）农田水利基础设施投资绩效的变化情况及其影响机理。在第一阶段，运用非参数 DEA 方法（可变规模报酬）分析和解释了农田水利基础设施投入产出的综合效率得分。研究结果表明，2002 ~ 2012 年各地区农田水利基础设施投资绩效总体上有所提高，且中东部地区高于西部地区。在第二阶段，运用受限制随机效应 Tobit 模型分析和解释了我国农田水利基础设施投资绩效的影响机理。基于以上的研究，得出以下结论与启示：

（1）农田水利基础设施投资绩效与经济发展并不完全成正比。2002～2012年，除了投入产出效率一直为1的省份外，其他省份的投入产出效率都有不同程度的波动，伴随着经济的发展，有些年份的投入产出效率反而下降。这一结论也在 Tobit 模型中得到了验证，即人均 GDP 对农田水利基础设施投资绩效呈负相关，地方经济的增长不一定对农田水利基础设施投资绩效有促进作用。因此，地方政府在发展经济的同时，要注重农田水利基础设施投资绩效总体水平的提升，更不能忽视对生态环境的影响。

（2）2002～2012年，各地区农田水利基础设施投资绩效整体上呈现东部大于中西部的趋势。东、中、西部规模效率不变、递增与递减并存，但很明显地可以看出，西部地区资源配置相对不合理。因此，政府在制定相关政策时，应因地制宜地区别对待，目前，宜将解决西部地区农田水利基础设施财政困难和资源配置问题放在首位。

（3）农村劳动力文盲率与农田水利基础设施投资绩效呈负相关。要继续不断提高农户的受教育水平，加大农业知识技能的培训力度。

（4）农田水利基础设施财政支出占总财政支出的比重与农田水利基础设施投资绩效负相关。因此加大农田水利基础设施财政支出的同时，应着重提高资金使用效率，确保农田水利基础设施投资绩效的提高，只有做到投入适度、资源合理配置才能取得良好的产出效果。

（5）“小农水”补助专项资金和农田水利管理体制改革都与农田水利基础设施投资绩效正相关，说明财政支持政策的实施和体制机制创新效果明显，管理部门要会同有关部门继续加强监管，提高资金和劳务的使用效率。

第7章 中观视角下农田水利基础设施投资绩效及其影响机理的实证研究

农田水利是农业生产的基础和农业发展的命脉。湖南作为我国的农业大省和粮食大省，自古以来就享有“九州粮仓”“鱼米之乡”的美誉。湖南农林特产丰富多彩，盛产湘莲、湘茶、油茶、辣椒、苎麻、柑橘、湖粉等。湖南的主要农产品在中国占有重要位置，粮食产量居中国第7位，稻谷产量居中国第1位。2017年，湖南省农业实现增加值2381.0亿元，比上年增长3.1%；林业增加值241.2亿元，增长9.0%；牧业增加值782.0亿元，增长2.6%；渔业增加值285.7亿元，增长6.5%。全省粮食播种面积4862.4千公顷，比上年减少28.2千公顷；粮食总产量2984.0万吨，比上年增产1.0%。全年新增农田有效灌溉面积2.1万公顷，新增节水灌溉面积1.1万公顷，开工各类水利工程9.1万处，投入资金368.0亿元，完成水利工程土石方12.2亿立方米①。可见，农田水利基础设施在农业丰产、农民丰收方面发挥着十分重要的作用。

湖南省近年来在农田水利建设方面取得了较好的成效，“十二五”时期区域防洪体系、水资源配置格局不断完善，全省防灾减灾和应急保障能力稳步提升。截至2015年底，全省解决2480万农村人口饮水安全问题，全面实施纳入规划的10109座小型病险水库和56座大中型水库（水闸）除险加固，圆满完成中央有明确要求的两大民生水利建设任务。稳步推进了330条中小河流治理、8个中小河流治理重点县综合整治及水系连通、山丘区35个城市防洪工程项目。初步建成110个县山洪灾害监测预警系统和群测群防体系，建立了省、市、县、乡四级防汛抗灾指挥体系，防洪薄弱环节明显增强。实施了规划内20处大型灌区、32

① 资料来源：《湖南省2017年国民经济和社会发展统计公报》。

处中型灌区续建配套、27 处大型灌排泵站更新改造，以及 104 个中央财政小农水重点县。整合资金大兴“五小水利”，着力解决农田灌溉“最后一公里”问题，新增、恢复灌溉面积 252. 8 万亩，改善灌溉面积 273. 6 万亩，新增高效节水灌溉面积 127. 7 万亩。全省有效灌溉面积达 4670 万亩，占耕地总面积的 75%，高效节水灌溉面积达 522 万亩，占有效灌溉面积的 11. 2%，为湖南省粮食连年增产和农民增收提供了有力支撑。

但是，农田水利建设仍然滞后。农田水利设施老化失修情况较为普遍，绝大部分中小型灌区、干支渠完好率不足 60%，农业灌溉的“最后一公里”问题和干支渠梗阻问题较为突出。灌区建设推进缓慢，大中型灌区续建配套与节水改造投入不足，配套与节水改造率低，基本未开工新建灌区。农业灌溉技术水平落后，农田灌溉水有效利用系数仅达 0. 496，远低于 0. 53 的全国平均水平，但农业用水总量约占全省用水量的 60%，节水空间大。全省 6230 万亩耕地中尚有 1560 万亩耕地缺乏基本灌溉条件，高标准农田面积仅 1495 万亩。灌溉供水保障能力仍然不足。湖南省水库总数占全国的 1/7，但总库容仅占全国水库总库容的1/20，全省河川径流量的 1/4。在合理可行的节水水平下，按现状供水能力，预计到 2020 年，全省多年平均、75% 和 95% 的情况下，将分别缺水 11. 4、29. 5 和 59. 4 亿立方米，安全供水保障压力大①。

面对成效与挑战，如何评估湖南省农田水利基础设施投资绩效，分析影响投资绩效的机理，找出问题的根源，对症下药，进一步加强农田水利建设，促进现代农业发展，实现粮食大省粮食安全责任具有重要意义。本章采用三阶段超效率 DEA 模型对湖南省农田水利基础设施投资绩效进行评价，有利于分析湖南省及其各地州市农田水利基础设施投资情况，也有利于认识其影响因素和影响机理。本章的结构安排如下：第一部分为引言；第二部分为模型构建与变量说明；第三部分通过三阶段 DEA 模型测算湖南省农田水利基础设施投资绩效；第四部分为研究结论与对策建议。

① 资料来源：《湖南省十三五发展水利规划》。

7.1　三阶段超效率DEA模型构建与变量说明

7.1.1　三阶段超效率DEA模型构建

DEA方法无须设置参数和固定函数关系，投入产出变量选取灵活，因此在评测效率领域得到了学者们的广泛采用（俞雅乖，2013；Scott Rozelle，2006；邱士利，2013；吴平等，2012）。由于传统DEA对技术效率的测量建立在这样一个基本假设之上：决策单元数据是有效的，并且不存在数据统计误差的影响。上述假设在现实情况中显然是不成立的，如果不剔除环境因素和随机误差因素对投入产出数据的影响，由传统DEA模型得出的效率值并不能客观真实反映决策单元的效率情况，得到的结果可能是有偏差的。在农业生产部门，环境因素的确对产出产生重大影响，自然环境、地区间经济发展、社会文化习俗等诸多因素导致农村公共产品供给的差异，由初始条件造成的各地区不同的地理环境和人口禀赋等地方政府不可控制因素，在不同地区政府支出效率差异形成中起着很大的作用，进而影响到各地区农村公共投资的效率。因此，传统DEA模型的缺陷在于，测度出的效率值包含了环境变量与随机项等因素的影响，即将所有对生产边界或成本边界的偏离都归因于无效率，而忽视了环境变量与随机误差的影响。

Fried等（2002）提出了DEA与SFA相结合的三阶段DEA模型，是传统DEA模型的延伸，利用SFA对管理无效率、环境因素和随机误差等进行分离，可以剔除政府无法改变、无法控制的外界环境因素与随机误差的影响，使得所计算出来的效率值更加真实，评价结果更具政策参考性和可操作性。

具体而言，该模型包括以下三个阶段：

第一阶段：计算超效率DEA值。传统DEA模型将决策单元分为有效和无效两类，即无效率的决策单元的评价值小于1，有效率的决策单元的评价值等于1，当出现多个有效率的决策单元时，传统DEA模型将无法做进一步的比较。而超效率DEA模型能够很好地弥补这一缺陷，从经济意义上讲，其表示一个有效决策单元可以使其按投入比例增加而效率值保持不变，而其投入增加的比例即为超效率值 θ。因此，超效率 DEA 模型能够区别出有效的决策单元之间的效率差异，对决策单元进行有效的排序，使得有效的决策单元可以做进一步比较。具体的线性数学形式为：

假设有 n 个评价对象（DMU），且每一个对象（DMU）有 m 种投入和 s 种产出。可以用 X_{ik} 表示 DMU_{ik} 的第 i 项投入，Y_{jk} 表示 DMU_{jk} 的第 j 项产出。则 DEA 超效率模型可表示为：

$$\text{超效率 DEA 模型：s. t.}\begin{cases}\min\theta \\ \sum\limits_{\substack{i=1 \\ i\neq k}}^{n} X_i\lambda_i - \theta X_k \leqslant 0 \\ Y_k - \sum\limits_{\substack{j=1 \\ j\neq k}}^{n} Y_j\lambda_j \geqslant 0 \\ \lambda_j \geqslant 0, j = 1,2,\cdots,n \\ X_i = (X_{i1}, X_{i2}, \cdots, X_{im})^T, i = 1,2,\cdots,n \\ Y_j = (Y_{j1}, Y_{j2}, \cdots, Y_{js})^T, j = 1,2,\cdots,n \end{cases} \tag{7-1}$$

第二阶段：运用 SFA 模型分解第一阶段的差额值。Fried 等（2002）认为第一阶段计算出的效率值受到管理无效率、外生环境和随机误差的干扰，为了得到更为精确的效率值，还需要对数据做进一步的调整。在此基础上，Fried 等（2002）提出了一种解决方案：即以第一阶段计算出的松弛变量值为因变量，环境变量为自变量，通过 SFA（Stochastic Frontier Approach，随机前沿分析）模型进行回归，从而可以将统计噪声和管理无效率区分出来。

SFA 方法在考虑随机误差干扰的影响下，将所有的决策单元调整到相同的外生环境条件。设共有 n 个决策单元，每一个决策单元都有 m 种投入，假定存在 p 个可观测的环境变量，分别对每一个决策单元的各投入差额值进行 SFA 分析，构建 SFA 回归方程，其回归过程可以细化为以下四步：

（1）计算投入差额值 S_{ik}。

$$S_{ik} = x_{ik} - \overline{x_{ik}} \tag{7-2}$$

式中，S_{ik} 表示松弛变量值，它受外部环境因素、随机误差项和经营管理效率共同影响；x_{ik} 表示第 k(k = 1，2，…，n）个决策单元第 i(i = 1，2，…，m）个投入变量的实际投入值；$\overline{x_{ik}}$ 表示第 k(k = 1，2，…，n）个决策单元第 i(i = 1，

2，…，m）个投入变量目标投入值。

（2）拟合 S_{ik} 的回归方程。

$$S_{ik}=f^i(Z_k;\beta^i)+v_{ik}+u_{ik} \tag{7-3}$$

式中，$f^i(Z_k;\beta^i)$ 表示环境因素对松弛变量的影响形式，实证研究中取为 $Z_k\beta_i$；$Z_k=(Z_{1k},Z_{2k},\cdots,Z_{qk})$ 表示 q 个可观测的外生环境变量；$\beta^i(i=1,2,\cdots,m)$ 表示外生环境变量的待估参数；$v_{ik}+u_{ik}$ 表示组合误差项；v_{ik} 表示随机误差项，并服从标准正态分布（$v_{ik}\sim(0,\sigma_{vi}^2)$）；$u_{ik}$ 表示管理无效率，一般假设其服从截断正态分布（$u_{ik}\sim(0,\sigma_{ui}^2)$），且与 v_{ik} 相互独立。$\gamma^i=\sigma_{ui}^2/(\sigma_{ui}^2+\sigma_{vi}^2)$ 表示技术无效率方差占总方差的比重，其取值区间为［0，1］。当 γ^i 的值趋近于1时，说明管理因素的影响占主导地位；而当 γ^i 的值趋近于0时，则说明随机误差的影响占主导地位。

（3）计算调整后的投入变量值 $\overline{x_{ik}}$。

$$\overline{x_{ik}}=x_{ik}+[\max_k(Z_k\overline{\beta^i})-Z_k\overline{\beta^i}]+[\max_k(\overline{v_{ik}})-\overline{v_{ik}}] \tag{7-4}$$

式中，x_{ik} 表示第 $k(k=1,2,\cdots,n)$ 个决策单元第 $i(i=1,2,\cdots,m)$ 个投入变量的实际投入值；$\overline{x_{ik}}$ 表示调整投入值；$\overline{\beta^i}$ 表示环境变量的估计参数值；$[\max_k(Z_k\overline{\beta^i})-Z_k\overline{\beta^i}]$ 表示把全部决策单元调整到相同的环境状态；$[\max_k(\overline{v_{ik}})-\overline{v_{ik}}]$ 表示将全部决策单元的随机误差调整到相同情形。具有相对不利生产环境的生产者把投入向上调整相对较少的数量，而具有相对有利生产环境的生产者把投入向上调整相对较多的数量。

根据 $\overline{x_{ik}}$ 的计算表达式可知，要计算出 $\overline{x_{ik}}$，必须将随机误差项 v_{ik} 与管理非效率 u_{ik} 进行分离，这样才能得到每个 DMU 的误差项估计值 v_{ik}。Jondrow 等（1982）的方法为：

$$\sigma^2=\sigma_u^2+\sigma_v^2,\ \varepsilon=v_{ik}+u_{ik} \tag{7-5}$$

$$u_*=-\sigma_u^2\varepsilon/\sigma^2,\ \sigma_*^2=\sigma_u^2\sigma_v^2/\sigma^2 \tag{7-6}$$

$$E(u\mid\varepsilon)=u_*+\sigma_*f(-u_*/\sigma_*)/[1-F(-u_*/\sigma_*)] \tag{7-7}$$

式中，f 和 F 分别表示标准正态分布的概率密度和分布函数。

将 $-u_*/\sigma_*=\varepsilon\lambda/\sigma$，$\lambda=\sigma_u/\sigma_v$ 代入式（7-3），得到如下形式的估计：

$$E(u\mid\varepsilon)=\sigma_*[f(\varepsilon\lambda/\sigma)/(1-F(\varepsilon\lambda/\sigma))-(\varepsilon\lambda/\sigma)] \tag{7-8}$$

通过管理非效率的条件估计 $E(u_{ik}\mid u_{ik}+v_{ik})$，我们能够得到随机误差项 v_{ik} 的条件估计：

$E(v_{ik} \mid u_{ik}+v_{ik}) = s_{ik} - z_k\beta^i - E(u_{ik} \mid u_{ik}+v_{ik})$，$i=1, 2, 3, \cdots, m$，$k=1, 2, 3, \cdots, n$ (7-9)

$E(v_{ik} \mid u_{ik}+v_{ik})$ 和 $E(u_{ik} \mid u_{ik}+v_{ik})$ 的值取决于（β^i，u^2，σ_{vi}^2，σ_{ui}^2）。β^i 为环境变量对第 i 个投入松弛变量的贡献。（u^2，σ_{vi}^2，σ_{ui}^2）为管理非效率和随机误差项对第 i 个投入松弛变量的贡献。

第三阶段：调整再计算超效率 DEA 值。将第二阶段处理得到的经调整的投入数据和原始的产出变量再次代入超效率 DEA 模型，最后得到剔除了外生环境变量和随机误差因素影响的效率值，客观地反映出农田水利基础设施投资绩效水平。

7.1.2 变量选择与数据处理

在设计效率指标体系时必须满足科学性、系统性和有效性的原则。此外，运用 DEA 在研究效率时，首先必须合理地选择投入与产出指标，而且必须满足“指标数至多是样本数量的一半或投入产出指标数目的乘积不大于样本数”的原则。

（1）投入（成本）变量。农田水利基础设施的成本是指政府及公共部门投资农田水利基础设施所实际花费或预期要付出的损失或代价。在选取投入指标时，依据相关的经济学原理以及数据的可得性，并参考前人的研究成果，将农田水利基础设施的投入指标分为增量投入、存量投入以及人力投入三类指标。其中：增量投入体现投资额度的年度变化，选取农林牧渔业投资额；存量指标体现原有农田水利固定资产投资的存量情况，选取水库个数；人力指标体现活劳动在整个农田水利建设中的使用情况，由于从事第一产业的劳动者具体用于农田水利建设的时间不便统计，因此选取农林牧渔业从业人数。

（2）产出变量。农田水利基础设施投资有利于农田增效、粮食增产、农业增长、农民增收，因此分别选取农田有效灌溉面积、每公顷面积粮食产量、第一产业产值、农村居民人均纯收入 4 个变量作为产出指标。

（3）外生环境变量。所谓外生环境变量，是指影响各地（州、市）农田水利基础设施投资绩效但又不受各地主观控制的因素，包括各地区的经济环境、制度安排、社会环境以及地理环境等因素，并分别选取人均 GDP、城市化水平、财政分权程度、省直管县财政体制改革、农业税费改革五个指标作为各个因素的代表，以剔除环境因素对效率的影响，得出纯粹由管理因素导致的各决策单元的效率值。

人均 GDP。人均 GDP 可以用来反映地区经济的发展水平，用地方 GDP/地方总人数表示。唐齐鸣（2012）认为，经济发展程度较高的地区公共品供给效率反而更低，也就是说收入高的地区政府支出效率反而更低。地方政府支出效率也包含了财政支出调节城乡收入差距的效率。因此，预期人均 GDP 对地方财政支出调节城乡收入差距的效率影响是消极的。

城市化水平。城市化水平反映城镇化推进的程度，用非农人口占总人口的比重来衡量。郭军华、倪明等（2010）认为城市化水平越高，意味着农业人口向城市转移越多，农业生产要素配置更加合理，农业生产效率越高。此时，农林牧渔业投资支出将能被更有效地利用，从而提高投资绩效。因此，理论预期城市化水平有利于投资绩效的提高。

财政分权程度。不仅反映中央与地方的财政关系，也反映地方各级政府之间的财政关系，用地方财政收入/全省财政收入表示。财政分权程度决定地方财权的大小，财权影响事权的执行，特别是地方投资积极性。

省直管县财政体制改革。从 2010 年 1 月 1 日起，湖南省开始调整和完善省以下财政管理体制，推行“省直管县”改革。是自 1994 年实施分税制改革以来又一次重大财政体制调整。自 2010 年起，湖南省 79 个县（市）实行省直管县财政体制改革，改革后，实行扁平化管理方式，县（市）财政体制直接与省财政联系，市与县（市）在财政管理体制上相互独立。进一步理顺了省以下政府间财政分配关系，提高基层提供公共服务的积极性，对市级财政理论上会有移动影响。

农业税费改革。自 2005 年起，湖南省全面取消农业税。伴随农业税和“两工”的取消，农村基层财力逐年下降，全省免征农业税形成的县乡财力缺口，由省财政转移支付解决，同时，政府进一步加大了对农业农村基础设施建设的投入。“两工”的取消，对农民参与度即农业劳动力投入会产生一定的影响。

（4）数据来源及相关说明。运用三阶段 DEA 模型来分析效率，首先要决定选择怎样的决策单元（DMU）。在 DEA 模型中，决策单元（DMU）即研究对象，是指要代表或者表现一定的经济意义，具有一定的输入输出，并且将输入转化为输出的过程中，努力实现其自身的决策目标的对象。此外，决策单元（DMU）的个数要满足“大于等于投入产出指标数目乘积数目或者至少是投入产出指标数目一倍以上"的条件。因此，结合相关数据的可得性，以 2000 ~ 2013 年湖南省 14 个地级市（州）为决策单元。

表 7-1 农田水利基础设施投资绩效评价指标体系

一级指标	二级指标	三级指标	单位
农田水利基础设施投资绩效评价指标体系	农田水利基础设施投资投入指标体系	农林牧渔业投资	万元
		水库个数	个
		农林牧渔业从业人数	人
	农田水利基础设施投资产出指标体系	第一产业产值	万元
		每公顷面积粮食产量	公斤
		农村居民人均纯收入	元/人
		农田有效灌溉面积	千公顷
	外生环境指标体系	人均 GDP	元
		城市化水平	%
		财政分权程度	%
		省直管县财政体制改革	—
		农业税费改革	—

说明：(1) 省直管县财政体制改革为虚拟变量。自 2010 年起，湖南省 79 个县市实行省直管县财政体制改革。因此以 2009 年为分界线，2009 年之前为 0，2009 年之后为 1。

(2) 农业税费改革同样是虚拟变量。自 2005 年起，湖南省全面取消农业税。因此以 2005 年为分界线。2005 年之前为 0，2005 年之后为 1。

各指标的原始数据主要来自 2001 ~ 2014 年的《湖南统计年鉴》《湖南省农村统计年鉴》，以及湖南统计信息网中发布的 2001 ~ 2014 年的《湖南省各市州统计公报》。同时为了消除各市州规模和物价的影响，将数据按各市州农村人口进行了平均，并以 2000 年为基期，将以货币计量的数据运用相关指数进行处理。

7.2 实证结果与相关分析

7.2.1 第一阶段DEA结果分析

通过采用投入导向的超效率DEA模型对湖南省14个市（州）的农田水利基础设施投资效率进行研究，运用EMS1.3软件计算得到2000~2013年各市（州）的效率值如表7-2所示。

表7-2 2000~2013年湖南省14个市（州）农田水利基础设施投资第一阶段超效率值

年份	2000	2001	2002	2003	2004	2005	2006	2007
长沙	0.9282	0.9283	0.9197	0.9203	0.9200	0.9170	0.9013	1.0347
株洲	0.7207	0.7095	0.7092	0.7372	0.7275	0.7132	0.7236	1.0158
湘潭	1.0634	1.0451	0.9995	0.9994	1.0000	1.0285	1.0851	1.1130
衡阳	0.7073	0.6974	0.6928	0.6981	0.7001	0.7214	0.7247	0.8915
邵阳	0.9803	0.9714	0.9717	0.9672	1.0116	1.0009	1.0065	1.0060
岳阳	0.5807	0.5636	0.5545	0.5493	0.5553	0.5564	0.5675	0.8484
常德	0.9736	0.9728	0.9348	0.9283	0.9346	0.9985	1.0112	0.9528
张家界	1.6763	1.0977	0.9883	0.9890	0.9959	0.9996	1.0254	1.0208
益阳	1.0914	1.0012	0.9986	0.9984	1.0578	1.0538	1.1323	0.9978
郴州	1.0601	0.9598	0.9650	0.9480	0.9583	0.9753	0.9081	0.8603
永州	0.9549	0.9811	0.9614	0.9509	0.8927	0.9473	0.9682	1.0303
怀化	1.1870	0.9473	0.8948	0.8556	0.8295	0.8062	0.8132	0.8454
娄底	1.2404	1.0214	0.9880	0.9862	0.9844	0.9809	0.9891	1.4578
湘西	0.8343	0.8401	0.8049	0.8212	0.8185	0.7793	0.7904	0.8874
全省	0.9999	0.9098	0.8845	0.8821	0.8847	0.8913	0.9033	0.9973

续表

年份	2008	2009	2010	2011	2012	2013	平均值	排名
长沙	0.9893	0.9761	0.9083	1.1353	1.2432	1.3307	1.0037	6
株洲	0.9680	0.9318	1.1750	0.9247	0.9588	0.4741	0.8207	12
湘潭	1.0187	1.1774	1.0304	1.2605	1.4291	1.1195	1.0978	1
衡阳	0.9448	0.9388	1.4747	1.0052	0.7042	0.5899	0.8208	11
邵阳	1.0206	0.9869	0.9501	0.9690	1.0897	0.8548	0.9848	7
岳阳	0.6588	0.6339	0.6582	0.6240	0.5967	0.5397	0.6062	14
常德	0.9562	0.9842	0.9326	0.8935	0.9158	0.8120	0.9429	8
张家界	1.0209	1.0306	1.0226	1.0078	1.2006	0.8360	1.0651	4
益阳	1.0514	1.7690	1.0016	1.1056	0.9369	0.9957	1.0851	2
郴州	0.8617	1.6015	0.8869	0.7625	0.8069	0.4821	0.9312	9
永州	0.9970	1.7804	0.9855	0.9793	1.0390	0.6496	1.0084	5
怀化	0.9045	0.6720	0.6418	0.6113	0.7219	0.4461	0.7983	13
娄底	1.3136	1.2510	1.0221	1.2391	0.9436	0.7321	1.0821	3
湘西	0.9531	0.9541	1.0543	1.0662	1.1211	0.7182	0.8888	10
全省	0.9756	1.1205	0.9817	0.9703	0.9791	0.7557	0.9383	

从表7-2可以看出，在不考虑外生环境变量与随机因素影响的情况下，整体上，2000~2013年湖南省农田水利基础设施投资绩效水平有很大的波动，2000~2006年效率水平一直在下降，2007年效率水平有很大程度的提升，基本达到2000年的水平，其后在2009年达到峰值1.1205，也是这14年中唯一一年全省平均农田水利基础设施投资效率水平达到有效，在此之后效率水平又在逐年下降，2013年仅为0.7557，为21世纪以来的最低点（见图7-1）。此外，尽管这14年全省的平均农田水利基础设施投资效率为0.9383，接近于达到有效状态，但2013年的水平相较于2000年的水平却有较大幅度的下降，降幅达到24.42%。

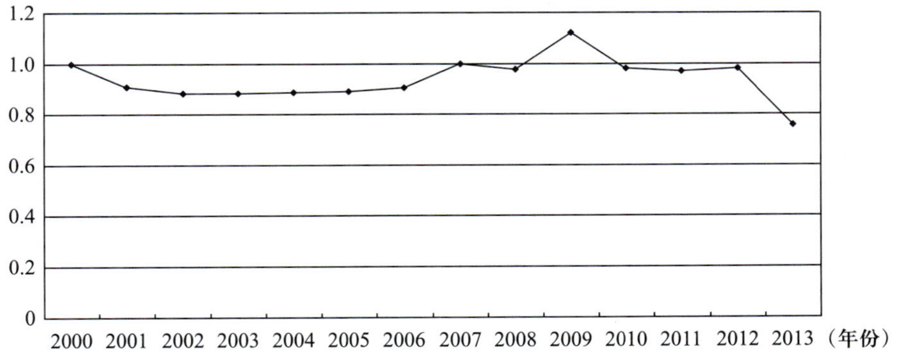

图7-1 2000~2013年湖南省农田水利基础设施投资第一阶段超效率值

从单个市（州）的角度看，湖南省各市（州）农田水利基础设施投资绩效发展水平极不平衡，高效率的市（州）与低效率的市（州）差距很大。对比分析各个市（州）的效率数据可知，农田水利基础设施投资平均效率最高的地区是湘潭，达到1.1205，而效率最低的是岳阳，仅为0.6062，两者相差0.4917（见表7-2）。此外，从横向看，14年中平均效率超过100%（有效）的省市一共只有6个（长沙、湘潭、张家界、益阳、永州、娄底），不到全省总市（州）的一半，效率水平最高的三个市（州）分别是湘潭、益阳和娄底；而平均效率水平最低的三个市（州）依次是岳阳、怀化和株洲（见图7-2）。

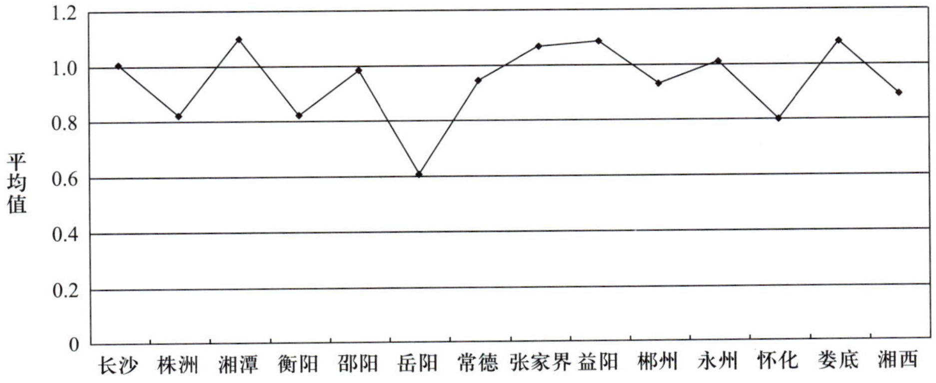

图7-2 2000~2013年各市（州）农田水利基础设施投资绩效水平

从纵向上看，只有长沙和湘西两个市（州）14 年来农田水利基础设施投资效率在上升，相关政策落实效果好；湘潭、邵阳、常德、益阳和永州效率水平基本保持不变，岳阳的效率水平同样波动不大，但水平极低；株洲、衡阳和娄底效率水平波动较大，波动趋势与全省平均水平变动情况大致相同；而张家界、株洲和怀化效率十多年来仍在下降，农田水利基础设施投资事业发展缓慢（见图7－3）。

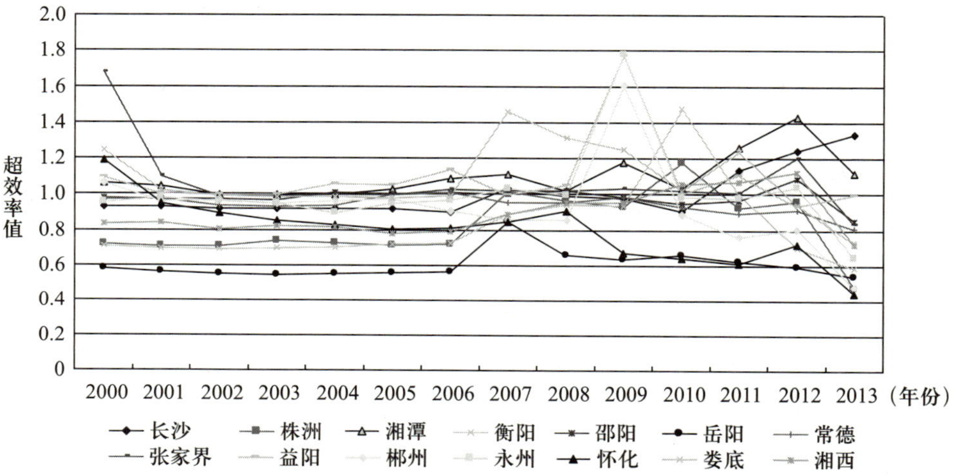

图 7－3　2000～2013 年各市（州）农田水利基础设施投资绩效情况

为了更加清晰地看到农田水利基础设施投资绩效在地区上的分布，把湖南省东、南、西、北、中五大区域的平均综合效率按每年分别单独计算，湘东地区包括长沙、株洲和湘潭；湘西地区包括张家界、怀化和湘西；湘南地区包括衡阳、郴州和永州；湘北地区包括岳阳和常德；湘中地区包括邵阳、益阳和娄底。得到结果如图 7－4 和图 7－5 所示。

从图 7－4 可以看出，21 世纪以来，湘中地区农田水利基础设施投资总体有效，处于第一位，湘东和湘西处于同一水平，均为 0.9741，接近有效。湘南地区处于第三位，达到 0.9201，接近全省平均水平。而湘北地区总体上缺乏投资效率，低于全省平均水平 17.44%，仅为湘中地区的 73.72%。这是值得深思和探讨的。

从五个区域年度变化来看，湘东地区投资效率不断提升，自 2007 年以来，基本处于投资有效状态，湘北地区本身效率较低，但也出现了略微下降。而其他地区投资效率下降明显，以湘西地区尤为突出。湘南地区和湘中地区在 2009 年均达到峰值，投资有效性明显增强，而后略有下降。2012 年，湘东地区投资有效性最佳，达到 1.21，这与长株潭地区落实 2012 年中央一号文件农田水利建设密切相关。而 2013 年的投资有效性各个区域均有所下降（见图 7 -5）。

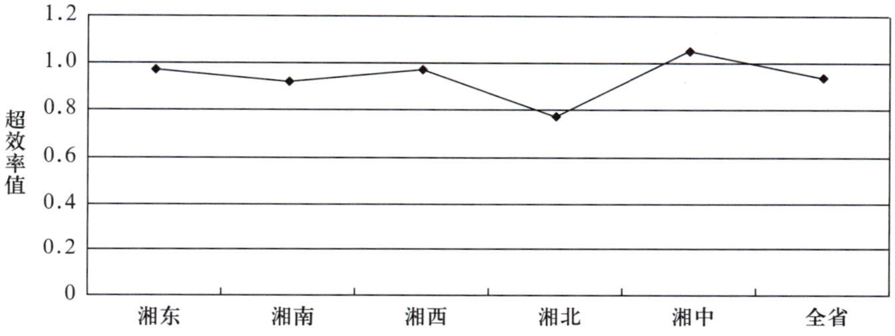

图 7 -4　调整前全省及五大地区平均综合效率

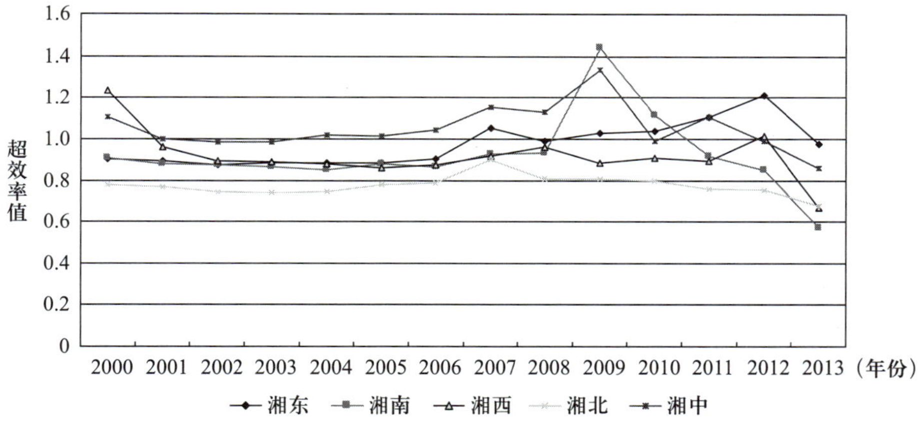

图 7 -5　2000 ~2013 年调整前五大地区综合效率变化情况

总体而言，湖南省农田水利基础设施投资效率水平不高，并且各市（州）的发展差异大，发展不平衡。不过，湖南省各市（州）的农田水利基础设施投资效率差异除了受自身发展条件的影响外，还不可避免地受到随机因素和外生环境因素的干扰，并且对不同市（州）的影响往往也是不同的。因此，表 7 -2 还无法真实地反映湖南省各市（州）的农田水利基础设施投资效率水平，还需对数据作进一步的调整，这样才能获得较为真实可靠的数据材料。

7.2.2 第二阶段 SFA 回归结果分析

此阶段主要是通过随机前沿方法（SFA）对原始投入数据进行调整，目的是剔除外生不可控环境因素及随机误差项的干扰，以突出湖南省各市（州）效率差异是因管理效率水平高低造成的，从而能准确测评湖南省各市（州）实际农田水利基础设施投资效率水平。将第一阶段超效率模型计算出的各投入变量的松弛变量作为因变量，人均 GDP、城市化水平、财政分权程度、省直管县财政体制改革（虚拟变量）和农村税费改革（虚拟变量）作为自变量，而后代入 SFA 模型来拟合变量间的线性回归。利用 Frontier4.1 软件运行的结果如表 7－3 所示。

表 7－3 SFA 模型回归结果

	农林牧渔业投资松弛变量	水库松弛变量	农林牧渔业从业人数松弛变量
常数项	6851.16 (－22.61)***	86.31 (39.91)***	3382.30 (14.39)***
人均 GDP	－0.44 (－0.77)	0.0051 (2.73)***	－0.93 (－2.18)***
城市化水平	－152.39 (－3.15)***	－2.00 (－6.97)***	260.85 (6.00)***
财政分权程度	256.32 (1.03)	－0.03 (－0.04)***	127.42 (0.62)
省直管县财政体制改革	7909.55 (7.74)***	－113.18 (－5.40)***	－1416.74 (－2.54)***
农业税费改革	2770.41 (3.05)***	－3.52 (－0.83)	－4827.57 (－4.96)***
σ^2	69676031 (68204098)***	2036 (1995)***	39477497 (3949289)***
γ	0.35 (5.16)***	0.77 (30.46)***	0.45 (7.47)***

注：括号中的数值为 t 值，***、**、*分别表示在 1%、5%、10% 的显著性水平下通过检验。

投入松弛量被视为投入的无效部分，也即 DMU 达到有效前沿面的节约量。Fried 等将投入松弛量视为 DMU 的机会成本，解释变量如果与投入松弛量正相关，则表明解释变量会对投入松弛量产生正向作用，进而倾向于增大投入变量，增加 DMU 的机会成本，因而不利于 DMU 生产效率的提高；反之，如果解释变量与投入松弛量负相关，则说明解释变量能够降低 DMU 的机会成本，从而提高生产效率。

由表 7－3 中可以看出，显著性水平下人均 GDP 对水库松弛量的回归系数均为正数，表明人均 GDP 与水库投入松弛量正相关，人均 GDP 越高及经济越发达的地区，产出水平不变的情况下需要较多的水库公共投入；显著性水平下人均 GDP 对农林牧渔业从业人数松弛量的回归系数均为负数，表明人均 GDP 与农业从业人数松弛量负相关，人均 GDP 越高及经济越发达的地区，需要投入的劳动力越少；城市化水平均在 1% 的显著性水平下对农林牧渔业投资及水库的回归系数为负，说明城市化水平越高，需要的投入越少。财政分权程度对水库的回归系数为负，说明财政分权程度越高，需要的投入越少，主要由基层政府承担，而财政分权程度对农林牧渔业投资额和农业从业人数的影响不显著。显著性水平下省直管县财政体制改革与农业税费改革对农林牧渔业投资松弛量的回归系数为正，说明财政体制改革与农业税费改革越好的地区，对农林牧渔业的投资额越大，且省直管县财政体制改革的影响更明显。而对水库及农林牧渔业从业人数松弛量的回归系数为负，说明财政体制改革和税费改革越深入，人力和物力（水库存量）的投入越少，有利于降低投入量和农田水利基础设施投资绩效的提高，这与预想的结果也是相符的。

由上可知，农林牧渔业投资、水库个数和农林牧渔业从业人数三个松弛变量估计得到的 γ 值都通过了 1% 的显著性检验，说明管理因素对投入要素松弛变量的影响较大，而随机误差对投入要素松弛变量的影响很小。因此，采用 SAF 模型进行参数估计是合适的。

此外，σ^2 统计量也都通过显著性水平为 1% 的检验，这说明了外生环境因素对投入冗余存在显著的影响。上述环境变量如果不加以控制，会造成效率估计结果的偏差，不利于进一步的分析。因此，在下一阶段，通过对投入变量进行调整，在测算农田水利基础设施投资绩效时应先剔除环境变量和随机误差因素的影响，使各决策单元处于相同的环境之下来提高效率估计的准确性。

7.2.3 第三阶段测算结果分析

将投入变量按照第二阶段 SFA 回归结果进行调整，调整方程式如下：

$$y_1 = 6851.16 - 0.44x_1 - 152.39x_2 + 256.32x_3 + 7909.55x_4 + 2770.41x_5$$

$$y_2 = 86.31 + 0.0051x_1 - 2.00x_2 - 0.03x_3 - 113.18x_4 - 3.52x_5$$

$$y_3 = 3382.20 - 0.93x_1 + 260.85x_2 + 127.42x_3 - 1416.74x_4 - 4827.57x_5$$

将调整后的投入变量和原始产出变量再次代入超效率 DEA 模型，通过 EMS1.3 软件计算得到的结果正是在剔除外生环境因素和随机误差影响后超效率值，具体结果如表 7－4 所示。

表 7－4 第三阶段回归结果

年份	2000	2001	2002	2003	2004	2005	2006	2007
长沙	0.8936	0.8990	0.9225	0.9280	0.9408	0.9609	0.9832	0.9995
株洲	0.9270	0.9345	0.9426	0.9515	0.9613	0.9702	0.9846	1.0126
湘潭	0.9300	0.9404	0.9507	0.9612	0.9726	0.9849	0.9992	1.0266
衡阳	0.8438	0.8494	0.8553	0.8605	0.8770	0.8963	0.9136	0.9557
邵阳	0.8039	0.8102	0.8168	0.8236	0.8318	0.8185	0.8301	0.7860
岳阳	0.8599	0.8682	0.8761	0.8848	0.8960	0.9082	0.9236	0.9651
常德	1.0023	1.0010	1.0003	0.9922	0.9948	0.9980	1.0239	1.0090
张家界	0.8502	0.8611	0.8705	0.8836	0.8968	0.9048	0.9183	0.9321
益阳	0.9559	0.9565	0.9568	0.9628	0.9725	0.9818	0.9913	0.9976
郴州	0.7698	0.7754	0.7798	0.7842	0.7907	0.8269	0.8072	0.8118
永州	0.7926	0.7994	0.8031	0.8094	0.8167	0.8243	0.8364	0.8702
怀化	0.7549	0.7636	0.7724	0.7815	0.7916	0.8008	0.8115	0.7409
娄底	0.7888	0.7989	0.8088	0.8195	0.8307	0.8418	0.8542	0.8784
湘西	0.5488	0.5535	0.5573	0.5710	0.5809	0.5922	0.6015	0.6140
全省	0.8373	0.8437	0.8509	0.8581	0.8682	0.8793	0.8913	0.9000
年份	2008	2009	2010	2011	2012	2013	平均值	排名
长沙	1.0310	1.0368	0.9837	1.0035	1.0101	1.2205	0.9867	4

续表

年份	2008	2009	2010	2011	2012	2013	平均值	排名
株洲	0.9854	1.0028	1.0304	1.0345	1.0002	0.9723	0.9793	5
湘潭	0.9990	1.0446	0.9864	1.0006	1.0126	1.0775	0.9919	2
衡阳	0.9609	0.9900	1.1159	0.9957	1.0279	1.0326	0.9410	6
邵阳	0.8314	0.8349	0.8226	0.8501	0.8607	0.8453	0.8261	11
岳阳	0.9097	0.8258	0.8329	0.7849	0.9316	0.9154	0.8844	7
常德	1.0059	1.0854	1.0249	0.9980	1.0185	1.1084	1.0188	1
张家界	0.9392	0.8402	0.8497	0.8494	0.8003	0.7422	0.8670	8
益阳	1.0163	1.0391	0.9939	1.0386	1.0002	1.0188	0.9916	3
郴州	0.7595	0.7921	0.7877	0.7887	0.7948	0.7795	0.7892	12
永州	0.8484	0.8622	0.8751	0.8862	0.9071	0.9095	0.8458	10
怀化	0.8465	0.7968	0.7799	0.7951	0.8076	0.7831	0.7876	13
娄底	0.9066	0.8917	0.8771	0.8750	0.8673	0.8436	0.8487	9
湘西	0.6884	0.6651	0.6670	0.6677	0.7064	0.6953	0.6221	14
全省	0.9092	0.9077	0.9019	0.8977	0.9104	0.9246	0.8843	

表7-4是在剔除了外生环境变量及随机误差影响后的湖南省各市（州）在2000~2013年农田水利基础设施投资超效率值及其变动情况。从表7-4可知，2000~2013年湖南省整体农田水利基础设施投资效率水平一直在稳步增长，效率水平从2000年的0.8373提升到2013年的0.9246，增长幅度为10.43%。此外，相较于第一阶段的平均效率值0.9383有一定程度的下降，下降幅度为5.76%。这表明外生不可控的环境变量及随机误差因素会在很大程度上高估湖南省的农田水利基础设施投资效率水平。

从单个市（州）的角度来看，农田水利基础设施投资效率水平最高的市（州）是常德，效率值为1.0188，也是唯一达到"有效"的市（州），湘潭、益阳、长沙、株洲、衡阳接近有效状态。而效率最低的是湘西，效率值仅为0.6221，二者相差0.3967。这说明剔除外生环境变量和随机误差因素的影响后，减小了各市（州）的效率水平差异。从横向来看，效率水平超过100%的市（州）只有常德1个；而效率水平较低的是湘西、怀化和郴州（见图7-6）。

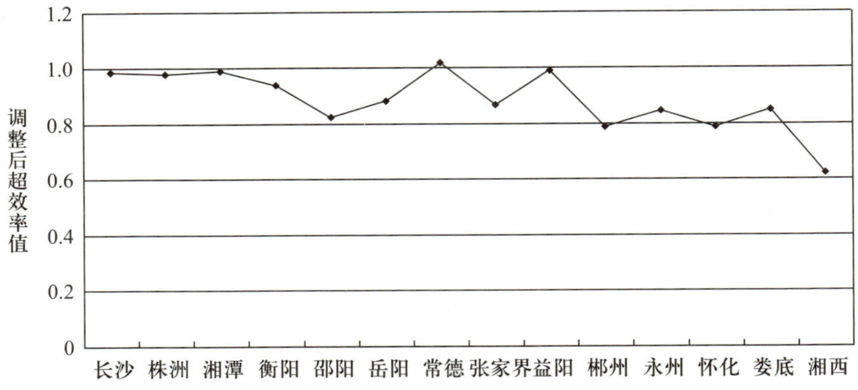

图 7-6　湖南省各市（州）农田水利基础设施投资绩效调整后情况

从纵向来看，除张家界外，湖南省大部分地区农田水利基础设施投资效率水平都在缓慢上升（见图 7-7），与调整前大部分市（州）投资绩效水平下降形成反差。其中投资绩效提升最快的是长沙，从 2000 年的 0.8936 上升到 2013 年的 1.2205，幅度达 36.58%，特别是 2008 年以来，基本维持在投资有效状态。这与近年来长沙市一方面加大农田水利基础设施投资力度，另一方面加强财政资金绩效评价和管理分不开。此外，常德除 2003 年接近投资有效之外，其他年份均呈有效状态，2013 年达到最佳状态 1.1084，上涨了 10.58%。常德属于湖南省传统

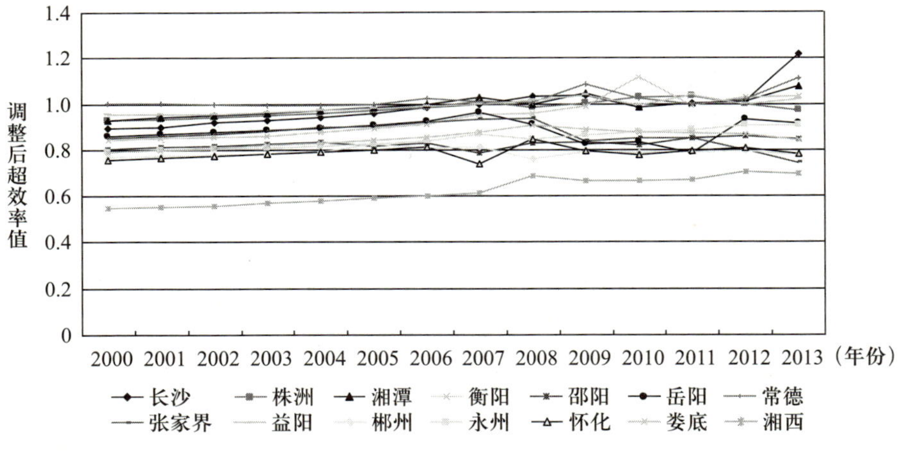

图 7-7　2000~2013 年湖南省各市（州）农田水利基础设施投资绩效调整后变化情况

的农业大市和农业强市，一直对农田水利基础设施建设十分重视。此外，张家界是近年来唯一一个投资绩效下降的地区，从0.8502下降到0.7422，14年间下降了14.55%，且没有一年投资处于有效状态。近年来，张家界作为旅游城市，各级政府、部门加大了投资建设及管理力度，但在农田水利建设这一方面显得重视不足。

7.2.4　第一阶段与第三阶段效率值对比分析

为了能更加清晰地比较调整前后各市（州）农田水利基础设施投资效率的变化情况，整理两个阶段的计算结果（见表7－5）。

表7－5　两阶段效率值比较

地区		第一阶段效率值	排名	第三阶段效率值	排名	排名变化
长沙	湘东	1.0037	6	0.9867	4	+2
株洲	湘东	0.8207	12	0.9793	5	+7
湘潭	湘东	1.0978	1	0.9919	2	－1
衡阳	湘南	0.8208	11	0.9410	6	+5
邵阳	湘中	0.9848	7	0.8261	11	－4
岳阳	湘北	0.6062	14	0.8844	7	+7
常德	湘北	0.9429	8	1.0188	1	+7
张家界	湘西	1.0651	4	0.8670	8	－4
益阳	湘中	1.0851	2	0.9916	3	－1
郴州	湘南	0.9312	9	0.7892	12	－3
永州	湘南	1.0084	5	0.8458	10	－5
怀化	湘西	0.7983	13	0.7876	13	0
娄底	湘中	1.0821	3	0.8487	9	－6
湘西	湘西	0.8888	10	0.6221	14	－4
全省		0.9383		0.8843		

注：湘东地区包括：长沙、株洲和湘潭；湘西地区包括：张家界、怀化和湘西；湘南地区包括衡阳、郴州和永州；湘北地区包括岳阳和常德；湘中地区包括邵阳、益阳和娄底。

从表7-5中可以看出，第一阶段和第三阶段各地区农田水利基础设施投资超效率值有一定差异，说明了外生的环境变量及随机误差项对各地区效率的影响比较显著。从整体来看，第一阶段湖南省农田水利基础设施投资效率值为0.9383，第三阶段经调整后得到的效率值为0.8843，两者相差0.054，这说明忽略外生环境变量及随机因素的影响将会高估湖南省农田水利基础设施投资效率水平。因此，在评估农田水利基础设施投资效率水平时就应当考虑外生不可控环境及模型内的随机误差项的影响并对其进行调整，从而可以反映出农田水利基础设施投资效率的真实水平。

再从单个市（州）的情况来看，总的来说，各市（州）前后效率值排名变动较大。首先，在忽视外生环境及随机误差因素条件下的效率排名中，湘潭的效率值排名第一，次之是益阳和娄底，而效率值排名最低的是岳阳、怀化和株洲，但当分离出外生环境因素和随机因素的影响，调整后的效率值排名前三的是常德、湘潭和益阳，排名末尾的是郴州、怀化和湘西。其次，第一阶段排名第一的湘潭，效率为1.0987，第三阶段排名第一的常德，效率为1.0188；第一阶段排在末尾的岳阳，效率为0.6062，第三阶段排在末尾的湘西，效率为0.6221。很明显剔除了外生环境变量和随机因素的影响后，下调了效率水平高地区的效率水平，提升了效率水平低地区的效率水平，从而减小了各省市的环境效率水平差距。再次，调整前排在第8位、第12位和第14位的常德、株洲和岳阳，调整后排在了第1位、第5位和第7位，都上升了7个名次；相反，娄底和永州在第一阶段排在第3位和第5位，经调整后在第三阶段排在第9位和第10位，分别下降6位和5位。另外，经调整后，常德的农田水利基础设施投资效率从0.9429上升到1.0188，也就是从“无效”调整为“有效”；而长沙则从“有效”（1.0901）调整为“无效”（0.8484），出现同样情况的还有湘潭、张家界、益阳、永州、娄底等市（州），这说明了外生环境变量及随机误差因素对农田水利基础设施投资效率具有很大影响，即通过上调被低估单元的效率值或下调被高估单元的效率值，从而可能会改变其效率状态。最后，湘潭、益阳和怀化三个市（州）农田水利基础设施投资效率受外生的环境因素和随机误差变量的影响较小，排名调整前后没有变化。

进一步地，采用Wilcoxon符号秩检验考察第一阶段DEA与投入调整后的第三阶段DEA的效率测算结果是否有显著差异，结果如表7-6所示。

表7-6 Wilcoxon 符号秩检验

	平均综合效率	平均纯技术效率	平均规模效率
Z值	-4.159	-4.037	-2.711
P值	0.000***	0.000***	0.005***

注：***表示在1%的显著水平下通过检验。

表7-6显示，湖南省14个市（州）在2000~2013年平均的综合效率、纯技术效率、规模效率在调整前后有显著差异，再一次说明了对原始投入变量调整的必要性。

7.2.5 农田水利基础设施投资综合效率分析

为了更好地了解湖南省农田水利基础设施投资绩效水平，运用2000~2013年的相关数据进行技术效率、纯技术效率、规模效率以及松弛变量等方面的测算，以探究农田水利基础设施投资无效率的原因。具体分析结果如表7-7所示。

表7-7 农田水利基础设施投资综合效率分析

	TE	排名	PTE	排名	SE	排名	RS	所在地区
长沙	0.9867	4	1.0000	1	0.9867	4	递减	湘东
株洲	0.9793	5	0.9997	6	0.9796	5	递减	湘东
湘潭	0.9919	2	1.0000	1	0.9919	2	递减	湘东
衡阳	0.9410	6	0.9859	9	0.9545	6	递减	湘南
邵阳	0.8261	11	0.9821	10	0.8412	11	递减	湘中
岳阳	0.8844	7	0.9985	8	0.8857	7	递减	湘北
常德	1.0188	1	1.0000	1	1.0188	1	递增	湘北
张家界	0.8670	8	1.0000	1	0.8670	8	递减	湘西
益阳	0.9916	3	1.0000	1	0.9916	3	递减	湘中
郴州	0.7892	12	0.9741	12	0.8101	13	递减	湘南
永州	0.8458	10	0.9756	11	0.8669	9	递减	湘南
怀化	0.7876	13	0.9704	14	0.8116	12	递减	湘西
娄底	0.8487	9	0.9987	7	0.8498	10	递减	湘中
湘西	0.6221	14	0.9730	13	0.6393	14	递减	湘西

续表

	TE	排名	PTE	排名	SE	排名	RS	所在地区
全省	0.8843		0.9899		0.8934		递减	
湘东	0.9860		0.9999		0.9861		递减	
湘西	0.7589		0.9811		0.7726		递减	
湘南	0.8587		0.9785		0.8772		递减	
湘北	0.9516		0.9993		0.9523		递减	
湘中	0.8888		0.9936		0.8942		递减	

注：TE 为技术效率，PTE 为纯技术效率，SE 为规模效率，RS 为规模报酬。

（1）技术效率分析。技术效率值可观测出各个市（州）的农田水利基础设施投资投入是否得到有效运用，以达到产出最大化。其效率值越高，表示投入资源使用越有效率，而造成效率低下的原因很可能是由于管理层未能充分利用资源而造成投入要素浪费，使其不能发挥应有的效益。

就单个市（州）而言，技术效率值超过 100% 即达到有效的省市仅只有常德 1 个。这说明常德的农田水利基础设施投资投入和产出较为适当，达到了效率相对有效状态。而其他技术效率小于 1 的市（州），说明其资源配置的使用没有达到最优状态，农田水利基础设施投资绩效有待进一步提高。此外，从效率评价结果可以得出，湘东地区农田水利基础设施投资效率相对较高，接近有效水平，达到了 0.9860，超过全省平均水平的 11.5%。这与长株潭地区作为湖南省的城市群，其经济发展水平一直位于全省前列，重视基础设施投资和管理密切相关；湘北地区的效率水平同样超过全省平均水平，达到 0.9516，这与常德、岳阳处于洞庭湖区域息息相关。近年来，国家加大了对洞庭湖的治理以及相应农田水利基础设施的配套建设，促使其投资绩效不断提升。而其他地区的效率水平相对较低，其中湘西地区效率水平最低，只有 0.7589，低于全省平均水平的 14.18%。湘西地区作为湖南省经济相对落后区域，其农田水利基础设施水平本身较低，而近年来把旅游产业作为发展的重点，并没有带来农田水利基础设施的相应发展。

（2）纯技术效率分析。纯技术效率更多反映的是决策单元的日常管理政策和水平，是在不考虑规模因素的条件下，衡量政府在资源投入、政策落实上，因管理层的决策错误、管理不佳，而造成资源浪费的比例情况。

湖南省 14 个市（州）中纯技术效率为 1 的地区有 5 个，分别是长沙、湘潭、常德、张家界和益阳，其余各市（州）也都超过了0.97，这说明造成湖南省农田水利基础设施投资效率水平较低的原因受管理层面（制度、体系等）的影响并不大，主要是其他因素引起的。

（3）规模效率分析。规模效率可以衡量在投入导向模型下，农田水利基础设施投资是否处于最优生产规模。具体来看，湖南省14个市（州）中只有常德规模效率超过了1，即处于规模报酬递增的阶段，说明常德在农田水利基础设施的资源投入得到了最大程度的利用，效率较为理想；而其他13个市（州）均处于规模报酬递减阶段，说明这些市（州）的政府需要实施紧缩的投资管理战略，控制和缩小管理规模，以减少对投入资源的浪费和虚耗。显然，规模效率小于1的市（州）数远远大于纯技术效率小于1的市（州）数，这在一定程度上说明造成湖南省农田水利基础设施投资无效率的主要原因是规模效率。

7.2.6 松弛变量分析

对于那些农田水利基础设施投资绩效水平较低的市（州），政府管理者更关注的是如何改善资源配置，进而提高其效率水平。而对于农田水利基础设施投资有效（效率值≥1）的市（州），其投入与产出数都是有效的，不需加以改善。因此，运用松弛变量分析可以了解相对低效率的市（州）该如何改善资源的运用状况，即在产出既定的情况下，投入哪些可减少，以及减少的数量；在投入既定的情况下，产出哪些应该增加，以及增加的数量。

从表7-8和表7-9可以看出，湖南省14个市（州）在农田水利基础设施投资方面都存在着不同程度的投入冗余和产出不足现象，说明其资源没有得到充分的利用，存在虚耗浪费的局面。

表7-8 湖南省各市（州）农田水利基础设施投入冗余分析

地区	效率值	投入冗余		
		S^{1-}	S^{2-}	S^{3-}
长沙	0.9867	403.94	16.84	1169.72
株洲	0.9793	356.01	302.49	1667.61
湘潭	0.9919	0.03	6.83	7368.30
衡阳	0.9410	0	342.77	1049.94

续表

地区	效率值	投入冗余		
		S^{1-}	S^{2-}	S^{3-}
邵阳	0.8261	2239.49	189.18	2849.76
岳阳	0.8844	0.00	320.84	15516.71
常德	1.0188	0.00	0.01	0.02
张家界	0.8670	15419.42	0.00	10976.82
益阳	0.9916	20.40	0.00	20074.67
郴州	0.7892	4846.30	179.00	601.67
永州	0.8458	1450.62	196.83	2056.39
怀化	0.7876	0.00	490.54	2317.15
娄底	0.8487	0.00	121.80	1408.89
湘西	0.6221	808.42	58.65	84.16

注：S^{1-}表示农林牧渔业投资调整值（万元）、S^{2-}表示水库个数调整值（个）、S^{3-}表示农林牧渔从业人数调整值（人）。

表7－9　湖南省各市（州）农田水利基础设施投资产出不足分析

地区	效率值	产出不足			
		S^{1+}	S^{2+}	S^{3+}	S^{4+}
长沙	0.9867	46168.94	0.00	104.51	0
株洲	0.9793	48947.22	0.00	173.41	0
湘潭	0.9919	485913.42	0.00	1833.99	9.37
衡阳	0.9410	7241.77	0.00	73.04	1.932
邵阳	0.8261	25866.79	0.00	469.01	0
岳阳	0.8844	8827.13	0.00	79.62	0.35
常德	1.0188	24161.90	38.82	76.51	0.00
张家界	0.8670	52136.35	0.00	160.07	27.46
益阳	0.9916	100967.89	2.66	210.89	0.00
郴州	0.7892	21440.09	0.00	258.96	0.00
永州	0.8458	18482.98	0.00	311.23	0.00
怀化	0.7876	34604.76	0.00	376.95	0.00
娄底	0.8487	23082.43	0.00	442.49	15.68
湘西	0.6221	40637.44	0.00	229.74	0.00

注：S^{1+}表示第一产业产值调整值（万元）、S^{2+}表示每公顷面积粮食产量调整值（万吨）、S^{3+}表示农村居民人均纯收入调整值（万吨）、S^{4+}表示农田有效灌溉面积调整值（千公顷）。

从投入冗余程度来看，在各项投入指标上存在冗余的市（州）个数分别是农林牧渔业投资（9个，86.67%）、水库个数（12个，86.67%）和农林牧渔业从业人数（14个，56.67%）。在农林牧渔业投资方面，张家界的冗余最多，其次为郴州，湘潭、益阳基本上没有冗余。在农林牧渔业从业人数方面，益阳、岳阳、张家界的冗余量较大，而常德基本上没有冗余，处于较适度的资源配置水平。相对而言，水库冗余数较少。

从产出不足的程度来看，各项产出指标上存在不足的地区个数分别包括：第一产业产值（14个，100.00%）、每公顷面积粮食产量（2个，14.29%）、农村居民人均纯收入（14个，100.00%）和农田有效灌溉面积（5个，35.71%）。其中体现直接经济收益第一产业产值和农村居民人均纯收入指标存在很严重的产出不足，说明农田水利基础设施投资还没能有效地促进农村农业经济的增长和农民收入的增加。

7.3　研究小结

研究中运用了三阶段超效率DEA模型对湖南省各市（州）农田水利基础设施投资绩效进行了深入分析，解决了传统DEA模型无法区分有效决策单元之间的效率差异及外生环境因素和随机误差对投资效率测算影响的问题，以能更加准确地比较分析湖南省农田水利基础设施投资绩效水平，通过实证分析得出以下结论：

（1）在第二阶段投入调整前后各市（州）农田水利基础设施投资绩效发生了显著变化，表明环境因素和随机误差对投资绩效产生了重大影响。Wilcoxon符号秩检验结果显示，第一阶段DEA与投入调整后的第三阶段DEA的效率测算结果有显著差异，进一步说明了运用三阶段DEA进行效率测度的合理性。

（2）第二阶段的SFA结果显示，外部环境变量和随机因素对农田水利基础设施投资绩效存在显著影响。外生环境因素对投入冗余存在显著的影响，而随机误差对投入要素松弛变量的影响相对较小。在外部环境中，人均GDP对水库及农林牧渔业从业人员投资绩效影响显著，且人均GDP越高，农业从业人数的配置越无效。城市化水平及省直管县财政体制改革对投入变量均产生显著影响。财政分权程度对农林牧渔业投资额和农业从业人员人数的影响不显著，对水库投入的影响接近于零。此外，农业税费改革对水库存量影响不显著，对增量投入和农村劳动力配置影响较大。

（3）环境因素和随机误差调整之后，农田水利基础设施投资绩效发生了明显变化，说明利用三阶段超效率 DEA 方法对农田水利基础设施投资绩效进行分析颇有必要。三阶段超效率 DEA 模型分析结果显示，在 2000～2013 年湖南省整体农田水利基础设施投资效率水平一直在稳步增长，但相较于第一阶段有一定程度的下降，下降幅度为 5.76%，而从纵向来看，除张家界外，湖南省大部分地区农田水利基础设施投资效率水平都在缓慢上升，与调整前大部分市（州）投资绩效水平下降形成反差。这说明外生环境变量及随机误差项对湖南省及各地区效率的影响比较显著。

（4）湖南省各市（州）农田水利基础设施投绩效并不一致，存在较大的差距。从地域而言，湘东地区综合效率最佳，接近有效，而湘西南较差，湘西地区有效性仅为 75%。表明各地区农田水利基础设施投资绩效与地区的经济发展水平存在一致性。

各地区纯技术效率普遍高于技术效率和规模效率，这说明相对于投入资源使用的有效性而言，政府各部门的决策、管理和制度安排更有效率。从单个市州来看，只有常德市的技术效率和规模效率均为 1，达到有效状态，且规模报酬递增，在当前情况下，适当增加投入有利于进一步推动农田水利绩效的提高。综合效率较差的湘西、怀化和郴州，其规模效率和纯技术效率也很低，说明在资源的利用和管理方面有待进一步改善。总体而言除常德外，各市州均处于规模报酬递减阶段，一是资源未得以充分利用，二是若增加投入，会呈现规模不经济。因此，各市州应根据自身效率的不足，有针对性地从管理水平提高或生产规模改进两方面改善农田水利基础设施投资绩效。

（5）湖南省 14 个市（州）在农田水利基础设施投资方面都存在着不同程度的投入冗余和产出不足现象，综合效率较低的地区其投入冗余与产出不足均较明显。相对于资金投入而言，人力投入即农林牧渔业人数投入存在冗余最多，水库冗余最少，常德、张家界、益阳几乎不存在冗余现象。在产出不足方面，主要体现在第一产业产值和农村居民纯收入方面，近年来，虽然农村经济得以较好发展，农民收入较快提高，但仍然存在产出不足，而每公顷粮食面积产量和农田有效灌溉面积只有少数市州存在轻微的产出不足。

第8章　微观视角下农田水利基础设施投资绩效及其影响机理的实证研究

随着新农村建设和“四化同步”战略日益深化，农田水利建设有了长足的发展。“十二五”期间，全国水利建设完成总投资达到2万亿元，年均投资4000亿元，是“十一五”年均投资的2.9倍。2016年，中央财政安排农田水利设施建设和水土保持补助资金预算399.97亿元。其中，支持农田水利建设219.62亿元，主要用于区域规模化高效节水灌溉；支持全国抗旱规划引调提水工程和抗旱备用井建设45.8亿元；支持水利工程设施维修养护、农业水价综合改革等48.55亿元；支持水土流失综合治理和淤地坝除险加固33亿元[①]。2005年，中央财政设立了小型农田水利工程建设补助专项资金，以“民办公助”方式支持各地开展小型农田水利建设，取得了一定成效。从2009年起，在全国范围内选择一批县市区，实行重点扶持政策，通过集中资金投入，全面开展小型农田水利重点县建设。其中，第一批重点县400个，第二批重点县450个。2016年继续以小型农田水利重点县项目为平台，整合涉农水利项目和资金，集中连片，整体推进旱涝保收稳产高产高标准农田建设，重点解决影响农业综合生产能力提高的“卡脖子”工程和“最后一公里”工程。

但从实际情况来看，由于农村税费改革以来，农村基层组织弱化，导致大小水利相互脱节，农田水利的最后一公里问题得不到很好解决，造成“治理性缺水”和农田水利供给困局。在农田水利建设中，农户作为农田水利的参与者和消费者之一，其主体地位不容小觑。农户的满意是农田水利基础设施投资绩效的重要体现之一。韩俊等（2011）、王蕾和朱玉春（2012）、罗琳和尉京红（2014）、陈瑞珍等（2015）、刘辉（2014）、秦国庆和朱玉春（2017）从不同角度对小型农田水利基础设施投资绩效进行了评价，但从农户满意度视角评价的较少。农户

① 资料来源：《水利改革发展“十三五”规划》。

对农田水利基础设施的满意度如何，如何进行评价，影响因素有哪些，值得进一步探究。鉴于此，本章试图在综合前人研究成果的基础上，基于顾客满意度理论，从农户满意的角度实地调研，运用因子分析法和二元离散选择模型，对小型农田水利基础设施投资绩效作出更进一步的深化研究。

8.1 小型农田水利基础设施投资绩效评价与顾客满意度理论

8.1.1 小型农田水利基础设施投资绩效的特点

如前文所述，小型农田水利基础设施简称小农水，相对于大中型农田水利基础设施而言规模小，主要是指除涝面积低于3万亩、渠道流量小于1立方米/秒、灌溉面积不足1万亩和库容量小于10万立方米的农业水利工程。主要满足农用地灌溉和农村人畜饮水，包括田间沟渠、灌溉区抗旱水源工程、塘坝、暗井、水窖、机井、蓄水塘、小水库、饮水工程和小水电站等。小型农田水利具有以下特征：功能性较强，在灌溉农田的同时还兼具防汛抗旱、粮食增产和水土保护功能；规模较小，服务区域有限，也意味着单个投资量不大；在原有的水资源条件下，其经过一定程度投入量的改造工作就可以发挥极大的农业生产效益。

小型农田水利的基本任务，一是调节水资源的时空分布。主要通过引水、蓄水或跨流域调水等措施，给充分利用水土资源和发展农业创造良好条件；二是调节农田水分状况。通过排水、灌溉等措施，改良低产土壤，满足农作物需水要求，提高农业生产水平。概括而言，是通过兴修各种农田水利工程设施，结合一定的技术，调节地区水利条件，改良农田水分状况，使其满足实际的农业生产发展，进而实现稳产高产。

由于小型农田水利的投资绩效不仅受到生产力发展水平的影响，还受到行政管理体制、农户生产生活方式的影响。投资供给能力及设施技术水平等硬指标，各项基础设施的运行效率、居民的满意度、彼此间的协同程度等软指标都是影响它的重要因素。因此，小型农田水利基础设施投资绩效主要体现在通过小型农田水利基础设施投资、建设、维护、运营、管理等，提高抗灾减灾能力，使农业增产、农民增收，同时改善生产生活条件，提高农户幸福感和满意度。相对于大中型农田水利设施而言，投资绩效有一定的区域性和典型性特点，且更加关注老百姓的获得感和满足感。

8.1.2 顾客满意度理论

顾客满意是指顾客把他消费某一类产品或服务后所感受到的效果或结果和他的期望进行对比之后，顾客在心中形成一种愉悦或者失望的心理感觉。顾客满意度是对顾客消费某一产品或服务之后是否满足情况的一种反馈，即顾客对某一产品或服务本身或其性能的评价，同时对特定产品或服务的效绩评价提供相关的信息。具体来说，顾客满意度是顾客对消费某产品或服务性能的期望、实际感知及二者的综合比较结果。用函数关系表达式表示为：

顾客满意度 = f(对性能的期望，感知到的性能)

顾客满意度指数是用来衡量顾客满意程度的一个经济指标，是通过一个特定的因果关系的模型对顾客消费某一产品或服务的满意程度的心理感受的测评结果。

20 世纪初，顾客满意度理论在消费心理学研究领域应运而生，随着市场经济的飞速发展，顾客满意度理论的研究进入实用研究阶段。1985 年，依据企业标识战略，美国学者正式提出了顾客满意度理论，并迅速发展起来，内容包括消费行为学、消费心理学、市场营销学、计量经济学、经济学等很多学科领域。1989 年美国密歇根大学商学院质量研究中心费耐尔博士构建了费耐尔模型，它是由顾客的期望和感知、购买的质量和价格等多因素综合形成的一个模型，运用偏微分最小二次方求解便很容易得到顾客满意度指数。迄今为止，费耐尔模型是学术界研究最为成熟和应用最为广泛的成果。在提出顾客满意度指数之后，新公共管理运动的市场导向、顾客导向和结果导向的基本特征越来越明显，政府绩效考核中越来越多地引用顾客满意度指数，而企业是最早运用此指数模型的领域。在企业里，用顾客满意度指数测量顾客对其提供的产品或服务在质量或价格等方面的满足程度。第一个建立顾客满意度指数的国家是瑞典，它于 1989 年建立了世界上第一个全国性顾客满意度指数，之后德国和英国也随之建立。20 世纪 90 年代后，由于顾客满意度理论日趋成熟，逐渐成为企业经营和产品营销的战略思想。所以顾客满意度指数理论逐渐成为一种新型的管理哲学和企业文化。顾客忠诚度是在顾客满意度理论上发展出来的一种最新趋势，即企业把顾客的需求和期望作为价值目标，有效防止和消除顾客的抱怨和投诉，逐渐提高顾客满意度，希望能在企业和顾客之间建立一种互相信任和互相依赖的价值链。本章在此以图 8－1 来表示顾客满意度理论发展历程。

图 8－1　顾客满意度理论发展历程

就我国来说，我国的顾客满意度理论发展得比较晚，其目前的研究工作正进入试行推广阶段。中国的用户满意度指数调查是国家质量监督检验检疫总局联合清华大学协作进行的，目前已经取得了阶段性成果。清华大学教授赵平先生在 1995 年首次将顾客满意度指数概念引入国内，1997 年，中国质协、清华大学、上海质协、中国人民大学等相继对顾客满意度指数展开研究与推广。1998 年，国家质量技术监督局委托清华大学研究“中国顾客满意度指数评价方法”。国务院在 1999 年颁布的《关于进一步加强产品质量工作若干问题的决定》具体指出要“探索和研究产品质量顾客满意度指数测评方法，以便能够向消费者提供最完备和最真实可靠的产品质量信息”。2001 年中国顾客满意度指数模型、计算和分析软件的可能性、调查手段通过两次全国性实验之后得到证实。中国顾客满意度指数在 2002 年进入推广应用阶段。目前，我国已经形成了多领域实际应用的中国顾客满意度模型。

8.1.3　小型农田水利基础设施投资顾客满意度的内涵与外延

基于顾客满意度的视角，本书认为小型农田水利基础设施投资顾客为农户，其满意度实质为农户满意度。从外延来看，小型农田水利基础设施投资顾客满意度反映了农户对小型农田水利基础设施投资的主观评价，体现小型农田水利基础设施投资绩效。

因此，在进行小型农田水利基础设施投资农户满意度调查时，兼顾投资绩效评价指标的设计需遵循以下原则：①代表性原则。农田基础设施投入效果关联甚广，所以需选取其中较为典型的代表，小型农田水利也是如此。②客观性原则。指标数据的来源不仅要合法、准确，且一定要能够反映真实情况，具有客观性。③综合性原则。小型农田水利基础设施规划、管理和建设的状况需要在指标层中尽可能全面的反映。④政策引导原则。指标层具有正确的政策导向作用，与国家社会经济发展和建设事业目标相一致，与农村经济社会发展相协同。从经济、社会、生态环境三个大的方面来考虑问卷设置。

总的来说，根据顾客满意度理论，农户满意度分为 5 个层级：非常满意、满意、一般、不满意、非常不满意。小型农田水利选取小水库、机井、排水沟、水池、渠道、节水灌溉设施、水坝、堰塘、排灌站 9 类设施作为代表。满意度的对象包括投资总量、政府投入、集体投入、农民个体投入、增加劳动力就业程度、改变土地流转、每亩耕地成本降低程度、每亩耕地增产程度、农民纯收入提高程度、改善耕地环境、抗灾减灾能力 11 个方面。下面有关小型农田水利基础设施投资客户满意度的调查及影响因素的实证分析围绕这些内容展开。

8.2　小型农田水利基础设施投资绩效农户满意度及其影响机理的实证分析

随着农户需求的高标准化和多元化，农村小型农田水利极为短缺，加上自然灾害的逐年加剧等问题日益严重，对于农户满意度的研究有了更加现实而迫切的要求。在一定程度上，小型农田水利基础设施投资绩效满意度是对农民需求满足程度和社会经济水平的一种客观反映。因此小型农田水利建设投资只要是农民需要的，并认为有用的才是有效率的；反之亦然。另外，小型农田水利基础设施投资绩效农户满意度如何，还是广大农户对政府财政、服务投资是否有效所作出的最终评价，反映的是农户的真实想法。同时，目前的研究还很少有学者运用因子分析法和多元线性回归模型实证研究小型农田水利基础设施投资绩效农户满意度，本章利用对湖南、河北两个粮食主产区和陕西、浙江等两个非粮食主产区共 10 个县（市）的 500 户农户的调查数据，采用因子分析和多元线性回归法，对小型农田水利基础设施投资绩效农户满意度作出更进一步的深化研究。

8.2.1 样本基本情况和变量定义

（1）样本来源。本书数据来自于农户调查问卷。2013 年 1 ~2 月、7 ~10 月随机走访湖南省的涟源市、邵阳县、平江县，河北省高邑县、滦县，浙江省绍兴县、苍南县、富阳县，陕西省扶风县、洛南县等 10 个县（市），对小型农田水利基础设施投资绩效农户满意度情况进行实地调研。考虑到样本的代表性，每个县选择 5 个村，每个村选取 10 个农户，共计 500 户，根据需要，调研主要采取随机走访的方式进行，收回调查问卷 480 份，剔除出明显错误的信息和漏填重要信息的问卷，回收有效问卷 460 份，有效回收率为 92%。表 8 -1 提供了全部调查对象的基本情况。

表 8 -1 调查样本基本情况

	统计指标	比例（%）
性别	男	58.75
	女	41.25
文化程度	小学	20
	初中	33.125
	高中或中专、职高	31.25
	大专及以上	15.625
家庭规模	1 人	0
	2 人	1.875
	3 人	11.875
	4 人	29.375
	5 人	26.25
	6 人以上	30.625
年龄	18 ~25 岁	16.875
	26 ~40 岁	21.25
	41 ~50 岁	30
	51 ~60 岁	12.5
	60 岁以上	19.375

续表

	统计指标	比例（%）
家庭总收入	1500 元以下	10
	1500 ~ 5000 元	20
	5000 至 1 万元	9. 375
	1 万 ~ 2 万元	15. 625
	2 万元以上	45

（2）满意度调查整体情况。

第一，具体小型农田水利基础设施投资农户满意度情况。从表 8 - 2 看，小水库非常不满意程度占 33. 75%，机井非常不满意程度占 39. 38%，排水沟非常不满意程度占 34. 38%，水池非常不满意程度占 40%，渠道非常不满意程度占 36. 25%，节水灌溉设施非常不满意程度占 44. 38%，水坝非常不满意程度占 43. 75%，堰塘非常不满意程度占 45. 63%，排灌站非常不满意程度占 50%。由此可知，农户对具体小型农田水利基础设施投资情况基本上表现为不满意。通过调查访谈可知，当地村委会非常重视小型农田水利的建设，但因为政府投入资金不足，村里需要投入的农村基础设施太多，无暇顾及小型农田水利建设的投入，只投入了少量资金，农户也是偶尔参加兴修水利劳动，对水利建设作用不大。

表 8 - 2　具体小型农田水利基础设施投资农户满意度调查情况　　单位:%

	小水库	机井	排水沟	水池	渠道	节水灌溉设施	水坝	堰塘	排灌站
非常满意	6. 25	2. 50	3. 13	2. 50	3. 13	1. 88	3. 13	2. 50	2. 50
满意	24. 38	13. 75	14. 38	17. 50	13. 75	12. 50	13. 75	10. 63	12. 50
一般	11. 25	13. 13	18. 75	13. 13	15. 63	10. 63	13. 75	11. 88	9. 38
不满意	24. 38	31. 25	29. 38	26. 88	31. 25	30. 63	25. 63	29. 38	25. 63
非常不满意	33. 75	39. 38	34. 38	40	36. 25	44. 38	43. 75	45. 63	50

第二，小型农田水利基础设施投资绩效农户满意度情况。从表 8 - 3 我们可以看出，除了每亩耕地增产程度、每亩耕地成本降低程度、农民纯收入提高程度满意程度较高外，投资总评价中一般和不满意程度占到 60%，投资总数量非常

不满意和不满意程度占到 67%，政府投入非常不满意和不满意程度占到 52%，集体投入非常不满意和不满意程度占到 64%，农民个体投入非常不满意和不满意程度占到 62%，改变土地流转非常不满意和不满意程度占到 63%，改善耕地环境非常不满意和不满意程度占到 60%，抗灾减灾能力非常不满意和不满意程度占到 55%。由此可知，农户对小型农田水利基础设施投资绩效满意程度也表现为较不满意。这主要是因为小型农田水利基础建设投入较少，原有的小型农田水利已经破旧不堪，农户真正获得的实际收益也不明显，加上 2018 年旱灾尤为严重，更进一步加深农户不满意程度。

表 8－3　小型农田水利基础设施投资绩效农户满意度调查情况　　单位：%

	投资总评价	投资总数量	政府投入	集体投入	农民个体投入	增加劳动力就业程度	改变土地流转	每亩耕地成本降低程度	每亩耕地增产程度	农民纯收入提高程度	改善耕地环境	抗灾减灾能力
非常满意	1.25	0.63	10	3.13	4.38	0.63	1.25	1.88	2.50	1.25	1.25	1.25
满意	16.88	15	19.38	11.88	12.50	14.38	14.38	10.63	15	13.13	16.25	18.13
一般	21.88	17.50	18.13	20.63	20.63	18.75	21.25	41.25	45.63	47.50	21.88	25
不满意	30.63	32.50	21.88	38.13	35	40	38.13	28.13	20	21.25	37.50	30.63
非常不满意	29.38	34.38	30.63	26.25	27.50	26.25	25	18.13	16.88	16.88	23.13	25

（3）变量定义。本章在综合各类相关文献研究成果的基础上，以安徽、陕西、浙江、湖南、湖北的实际情况为基础，从农民个性特征、各类投资效绩等方面，选取了 15 类可能对小型农田水利基础设施投资绩效满意度产生影响的因素进行分析，其中，从经济效益选取 X_{10}（改变土地流转）、X_{11}（每亩耕地增产程度）、X_{12}（每亩耕地成本降低程度）、X_{13}（农民纯收入提高程度）4 个指标，从社会效益选取 X_9（促进劳动力就业程度）一个指标，从生态效益选取 X_{14}（改善耕地环境）、X_{15}（抗灾减灾能力）两个指标。各变量的定义具体如表 8－4 所示。

表 8-4　农民对小型农田水利基础设施投资绩效满意度各变量定义

影响因素	变量	变量解释
农民个人特征	X_1	性别：1 = 男，0 = 女
	X_2	年龄：1 = 18 ~ 25 岁，2 = 26 ~ 40 岁，3 = 41 ~ 50 岁，4 = 51 ~ 60 岁，5 = 60 岁以上
	X_3	文化程度：1 = 小学及以下，2 = 初中，3 = 高中或中专、职高，4 = 大专及以上
	X_4	劳动力人数：1 = 1 人，2 = 2 人，3 = 3 人，4 = 4 人，5 = 5 人，6 = 6 人及以上
农民经济特征	X_5	家庭总收入：1 = 1500 元以下，2 = 1500 ~ 5000 元，3 = 5000 至 1 万元，4 = 1 万 ~ 2 万元，5 = 2 万元以上
农民对各类小型农田水利基础设施投资绩效评价	X_6	政府投入：1 = 非常满意，2 = 满意，3 = 一般，4 = 不满意，5 = 非常不满意
	X_7	集体投入：1 = 非常满意，2 = 满意，3 = 一般，4 = 不满意，5 = 非常不满意
	X_8	农民个体投入：1 = 非常满意，2 = 满意，3 = 一般，4 = 不满意，5 = 非常不满意
	X_9	促进劳动力就业程度：1 = 非常满意，2 = 满意，3 = 一般，4 = 不满意，5 = 非常不满意
	X_{10}	改变土地流转现象：1 = 非常满意，2 = 满意，3 = 一般，4 = 不满意，5 = 非常不满意
	X_{11}	每亩耕地增产程度：1 = 非常满意，2 = 满意，3 = 一般，4 = 不满意，5 = 非常不满意
	X_{12}	每亩耕地成本降低程度：1 = 非常满意，2 = 满意，3 = 一般，4 = 不满意，5 = 非常不满意
	X_{13}	农民纯收入提高程度：1 = 非常满意，2 = 满意，3 = 一般，4 = 不满意，5 = 非常不满意
	X_{14}	改善耕地环境：1 = 非常满意，2 = 满意，3 = 一般，4 = 不满意，5 = 非常不满意
	X_{15}	抗灾减灾能力：1 = 非常满意，2 = 满意，3 = 一般，4 = 不满意，5 = 非常不满意

8.2.2　农户满意度因子分析

先要将原始数据进行标准化，使变量间在数量级和量纲上的不同消除。再进行 KMO 检验，得出 KMO 值为 0.846，p 值为 0.000，可以判断检验结果是显著的，表明数据之间具有一定的相关性，因子分析是可以有效进行的，具体如表 8-5 所示。

表 8－5 KMO 和 Bartlett

取样足够度的 Kaiser－Meyer－Olkin 度量	0.846
Bartlett 的球形度检近似卡方检验	1199.039
df	105
Sig.	0

运用软件 SPSS19.0，采用主成分分析法提取因子，从表中可见，第一主成分特征根为 5.934，方差贡献率为 39.562%，前 7 个主成分的累计贡献率为 83.574%，前三个因子的累计贡献率就达到 60.789%，根据提取因子的条件——特征值大于 1，选出了 3 个因子（见表 8－6）。

表 8－6 解释的总方差

成分	初始特征值			提取平方和载入			旋转平方和载入		
	合计	方差百分比（%）	累计方差百分比（%）	合计	方差百分比（%）	累计方差百分比（%）	合计	方差百分比（%）	累计方差百分比（%）
1	5.934	39.562	39.562	5.934	39.562	39.562	5.507	36.715	36.715
2	1.94	12.932	52.494	1.94	12.932	52.494	2.012	13.415	50.13
3	1.244	8.295	60.789	1.244	8.295	60.789	1.599	10.659	60.789
4	0.944	6.292	67.081						
5	0.905	6.033	73.115						
6	0.844	5.628	78.743						
7	0.725	4.831	83.574						
8	0.466	3.105	86.679						
9	0.426	2.837	89.516						
10	0.394	2.629	92.145						
11	0.28	1.864	94.009						
12	0.259	1.729	95.738						
13	0.254	1.693	97.432						
14	0.205	1.365	98.797						
15	0.181	1.203	100						

提取方法：主成分分析法。

由于初始载荷矩阵结构不够清楚，不便于对因子进行解释，因此并未给出因子载荷矩阵，而是运用方差最大正交旋转法对因子载荷矩阵进行旋转，得到因子旋转载荷矩阵如表8－7所示。

表8－7 旋转成分矩阵[a]

	成分		
	F_1	F_2	F_3
性别 X_1	0.026	0.498	0.035
年龄 X_2	0.071	0.849	－0.213
文化程度 X_3	－0.162	－0.828	－0.097
劳动力人数 X_4	－0.011	0.351	－0.68
家庭总收入 X_5	－0.014	－0.397	－0.555
政府投入 X_6	0.732	－0.033	0.329
集体投入 X_7	0.671	0.126	0.425
农民个体投入 X_8	0.367	0.024	0.565
促进劳动力就业程度 X_9	0.76	0.057	0.201
改变土地流转 X_{10}	0.785	0.141	0.208
每亩耕地增产程度 X_{11}	0.792	－0.006	－0.091
每亩耕地成本降低程度 X_{12}	0.774	0.141	－0.073
农民纯收入提高程度 X_{13}	0.832	0.065	－0.073
改善耕地环境 X_{14}	0.781	0.106	0.226
抗灾减灾能力 X_{15}	0.793	0.036	0.11

提取方法：主成分分析法。

旋转法：具有 Kaiser 标准化的正交旋转法。

a 为旋转在5次迭代后收敛。

表8－7显示的是每个因子主要由哪些变量提供信息。称为因子旋转载荷矩阵，从表中可知：

（1）在主因子 F_1 中，对投资绩效的评价有九个指标具有较高的因子载荷，分别是：X_6（政府投入）、X_7（集体投入）、X_9（促进劳动力就业程度）、X_{10}（改变土地流转）、X_{11}（每亩耕地增产程度）、X_{12}（每亩耕地成本降低程度）、X_{13}（农民纯收入提高程度）、X_{14}（改善耕地环境）、X_{15}（抗灾减灾能力）。

（2）在主因子 F_2 中，具有较高的因子载荷的指标是：X_1（性别）、X_2（年龄）、X_5（劳动力人数）。

（3）在主因子 F_3 中，具有较高的因子载荷的指标是：X_8（农民个体投入），农民的个性特征分散在各个因子中。

表 8－8 为旋转因子得分表，表中显示了对农民的满意度起主要作用的因素有哪些，而且从综合得分一栏中可以看出，X_1（性别）、X_2（年龄）、X_3（文化程度）、X_4（劳动力人数）、X_5（家庭总收入）、X_8（农民个体投入）等因素对农民的满意度的影响程度较小，而 X_{15}（抗灾减灾能力）、X_{10}（改变土地流转）、X_7（集体投入）、X_{14}（改善耕地环境）、X_9（促进劳动力就业程度）、X_6（政府投入）、X_{12}（每亩耕地成本降低程度）、X_{13}（农民纯收入提高程度）等因素则对农民满意度有重要的影响。

表 8－8　旋转因子得分表

评价指标	F_1	F_2	F_3	总得分	总排名
性别 X_1	-0.038	0.26	0.048	0.0428	12
年龄 X_2	-0.016	0.428	-0.124	0.0630	10
文化程度 X_3	0.043	-0.426	-0.089	-0.0836	15
劳动力人数 X_4	0.079	0.149	-0.482	-0.0039	13
家庭总收入 X_5	0.116	-0.236	-0.429	-0.0572	14
政府投入 X_6	0.114	-0.057	0.125	0.0782	6
集体投入 X_7	0.073	0.036	0.213	0.0894	3
农民个体投入 X_8	-0.01	0.014	0.36	0.0602	11
促进劳动力就业程度 X_9	0.134	-0.019	0.03	0.0820	5
改变土地流转 X_{10}	0.132	0.024	0.035	0.0912	2
每亩耕地增产程度 X_{11}	0.193	-0.069	-0.194	0.0673	9
每亩耕地成本降低程度 X_{12}	0.175	0.01	-0.171	0.0779	7
农民纯收入提高程度 X_{13}	0.193	-0.034	-0.183	0.0770	8
改善耕地环境 X_{14}	0.131	0.007	0.048	0.0891	4
抗灾减灾能力 X_{15}	0.158	-0.037	-0.044	0.0950	1

因此，可得出因子得分的综合评价模型为：

$F = 0.0428X_1 + 0.0630X_2 - 0.0836X_3 - 0.0039X_4 - 0.0572X_5 + 0.0782X_6 +$

$0.0894X_7 + 0.0602X_8 + 0.0820X_9 + 0.0912X_{10} + 0.0673X_{11} + 0.0779X_{12} + 0.0770X_{13} + 0.0891X_{14} + 0.0950X_{15}$

从表 8 - 8 中可以看出，在选取的 15 个变量中，对小型农田水利基础设施投资绩效满意度影响最大的是变量 X_{15}（抗灾减灾能力），这是由于近几年自然灾害影响程度和范围不断扩大，尤其像 2013 年湖南历史罕见干旱持续一个月，对农户的生产生活造成极大不利影响。其次是变量 X_{10}（改变土地流转），这是因为现在农村主要劳动力都外出打工，大面积土地荒芜。农户希望将土地承包出去，实行规模化种植，自己收取租金更对自己有利。影响程度排在第三的是变量 X_7（集体投入），根据实地调研分析，政府财政通过层层拨款，最后到镇、到乡的实际资金只有很少一部分，且由于农村需要进行投资建设的项目繁多，最终投入到小型农田水利上的就更少，而农户自身经济条件不足，所以最后不得不依靠集体投入。而对小型农田水利基础设施投资绩效满意度影响最小的三个变量是 X_3（文化程度），X_4（劳动力人数）和 X_5（家庭总收入），这些变量都是农户个人特征或者经济特征，和小型农田水利建设并无多大关系，所以影响程度很小。

8.2.3 农户满意度进一步分析

先对前一阶段因子分析提取 3 个变量，构建农民满意度多元回归模型，可决系数 $R^2 = 0.9951$，说明模型的拟合优度高。三个变量的参数估计值分别为 0.6182、0.2214 和 0.1771，处于 0 与 1 之间，且都为正数，而常数项的估计值也为正，说明这些参数估计值的经济含义都是合理的。F = 748.2，给定显著性水平 $\alpha = 0.05$ 查 F 分布表，得到临界值 $F_{0.05}(3, 13) = 3.41$，显然有 $F > F_{0.05}$，说明在 95% 的置信水平下，模型的线性关系显著成立。此时回归方程为：

$$Y = -0.00026 + 0.6182F_1 + 0.2214F_2 + 0.1771F_3$$

从表 8 - 9 分析可以看出，F_1 的影响水平最大，F_2 的影响水平其次，F_3 的影响水平最不明显。第一主因子综合反映了投资绩效，这些因素都是农户直接参与小型农田水利建设投资后的结果，农户是直接的提供者和受益者。同时政府是投资的主体，在投资过程中具有导向作用。所以第一主因子是农户评价小型农田水利基础设施投资绩效满意度的一个最为重要的影响因素。第二主因子主要是性别，年龄和劳动力人数，说明男性和女性又或者是不同年龄层对于小型农田水利建设的态度和能力还是不一样的，所以对结果有一定程度的影响。多数学者在研究农村公共品和农民收入关系时，均认为公共品能够明显促进农户收入增长以及农村经济发展，而劳动力则决定家庭的总收入，所以本书认为劳动力人数对小型农田水利基础设施投资绩效满意度也是有一定促进作用的，随着农民劳动力人数的增加，他们对小型农田水利的类型或者质量的层次要求越来越高，换言之，小型农田水利基础设施投资绩效越高，农户生产和生活的环境就越好，于是对其满意度的评价也会越高。第三主因子是农民个体投入，其对小型农田水利基础设施投资绩效基本上没有什么影响。

表 8 - 9　模型综合分析

Source	ss	df	ms		Number of obs	= 15
Model	0.042768276	3	0.014256092		F（3, 11）	= 748.20
Residual	0.00020959	11	0.000019054		Prob > F	= 0.0000
Total	0.04297869	14	0.003069848		R - squared	= 0.9951
					Adj Rsquared	= 0.9938
					Root MSE	= 0.00437
var1	Coef	Std. Err.	t	p > |t|	[95% Conf. Interval]	
var2	0.618215	0.017902	34.53	0	0.578812	0.657617
var3	0.221429	0.006604	33.53	0	0.206894	0.235964
var4	0.177135	0.005559	31.86	0	0.1649	0.189371
_ cons	-0.00026	0.002039	-0.13	0	-0.00475	0.004223

8.3　研究小结

本章运用 2013 年 7 月在安徽、陕西、浙江、湖南、湖北调研数据分析了农户对小型农田水利基础设施投资绩效的满意度情况。结果表明，影响农户满意度的主要因素来自和农户利益相关的政府投入、集体投入、促进劳动力就业程度、改变土地流转程度、每亩耕地增产程度、每亩耕地成本降低程度、农民纯收入提高程度以及改善耕地环境程度和抗灾减灾的能力。性别、年龄、劳动力人数对农户满意度有一定的影响，但影响不大。和农民有关的农民个体投入对农户满意度基本上没有影响。因此为了更好地促进小型农田水利基础设施建设，国家和各级政府应该从实际出发，充分尊重民意，优先考虑对农户利益影响较大的小型农田水利基础设施投资，真正满足农业、农村、农民的需求。

第9章　研究结论与政策建议

9.1　研究结论

在公共财政阳光普照农村的财政支农大背景下，以及2011年中央一号文件《中共中央国务院关于加快水利改革发展的决定》的出台，为农田水利基础设施投资带来了新的热度和高度。随着供给侧改革和乡村振兴战略的实施，我国农业现代化快速发展，作为现代农业基础和保障的农田水利基础设施投资质量和效率进一步提高，但仍然面临着一系列挑战。统筹分析过去与现在、前因与后果，既是新时代的现实需要，也是本书研究的使命所在。通过对农田水利基础设施投资绩效及其影响机理进行科学、系统的分析，得出以下结论：

（1）农田水利基础设施作为农业基础设施的重要组成部分，具有公共性、流动性、整体性、管护的多次性以及非对称性等特点，公共产品属性是其最基本的特征，也是决定投资资金主要来源的重要属性之一。根据不同的标准进行分类可知，不同农田水利基础设施其功能、规模、性质、收费机制等存在差异。从性质上来看，农田水利基础设施投资相对于其他投资而言，具有投资效益的外部性、投资产出的长期性、投资经营的自然垄断性以及投资收益的不确定性；从功能上来看，农田水利基础设施投资有利于优化资源配置、协调外部性问题以及解决集体行动的困境。

（2）自新中国成立以来，我国农田水利基础设施建设在曲折中不断前行，分别经历了快速增长期、停滞期、恢复增长期、较快增长期、面临挑战期、跨越期6个不同阶段。到目前为止农田水利基础设施投资取得了较好的成效，投资规模不断增加，资金来源日益多元化；防洪排涝体系逐步建成，农业生产基础设施逐渐改善；农田灌溉面积稳中有升，粮食生产能力稳步提高；节水技术逐渐推广，现代两型农业日益发展；投资管理逐渐规范，投融资模式日趋现代化。但是也面临着一系列困境，如投资主体和资金来源单一，水利现代化进展缓慢；投资区域差异与结构差异明显，最后一公里缺位；投资科学化水平有待提升，水资源利用率不高；投资制度设计存在缺陷，投融资模式创新有待加强；投资管理体制机制不完善，农田水利可持续发展缺乏后劲。

（3）农田水利基础设施投资主体主要涉及政府、市场、农户和非政府组织等。不同主体具有不同的行为特征与利益诉求，其责任边界存在差异，投资意愿也不尽相同。通过粮食主产区和非主产区农户投资意愿的实证研究表明，农户是否愿意投资受到农户文化程度、身体状况、对农业政策的关注度、种粮收入占家庭总收入比重、种粮补贴占种粮投入比重、小型农田水利在农业生产中的重要性以及农业生产受自然灾害的影响程度等因素的显著正向影响，而对现阶段农田水利基础设施整体状况的评价呈显著负向影响；家庭劳动力短缺状况对主产区的影响为负，对非主产区的影响为正；灌溉方式、大中型农田水利基础设施建设数量对粮食主产区农户投资意愿的影响不显著，而对非主产区呈现显著正向影响。预计未来农田水利基础建设的投资规划显著正向影响粮食主产区农户投资意愿，而对非主产区的影响不显著。

（4）由于农田水利基础设施的特殊属性，其投资绩效也具有复杂性和综合性，包括经济绩效、社会绩效和生态绩效等。经济绩效主要体现在对“三农”问题的解决上，有利于农业经济增长、农民收入提高；社会绩效主要体现在对粮食安全、水利安全、城乡统筹发展等方面，生态绩效如美化环境，有利于青山绿水的实现等。农田水利基础设施投资绩效的影响机理和路径各不相同，决定其大小亦存在差异。

（5）从宏观上，首先，2002～2012年我国各地区农田水利基础设施投资绩效总体上处于较高水平，综合效率均值在0.821～0.878，近年来其相对效率值稳步提高，维持在0.85左右，但不同地区存在差异。可以看出，农田水利基础设施投资绩效与经济发展并不完全成正比。人均GDP对农田水利基础设施投资绩效呈负相关，地方经济的增长不一定对农田水利基础设施投资绩效有促进作用。其次，各地区农田水利基础设施投资绩效整体上呈现东部大于中西部的趋势。东、中、西部规模效率不变、递增与递减并存，西部地区资源配置相对不合理。最后，农村劳动力文盲率、农田水利基础设施财政支出占总财政支出的比重与农田水利基础设施投资绩效负相关。“小农水”补助专项资金和农田水利管理体制改革都与农田水利基础设施投资绩效正相关，财政支持政策的实施和体制机制创新效果明显。

（6）从中观上，通过第一阶段 DEA 分析，总体上湖南省农田水利基础设施投资效率水平不高，并且各市（州）的发展差异大，发展不平衡。在第二阶段投入调整前后各市（州）农田水利基础设施投资绩效发生了显著变化，外生环境因素对投入冗余存在显著的影响，而随机误差对投入要素松弛变量的影响相对很小。三阶段超效率 DEA 模型分析结果显示，2000～2013 年湖南省农田水利基础设施投资效率水平整体上一直在稳步增长，且各市（州）并不一致，湘东地区综合效率最佳，湘西南较差；各地区纯技术效率普遍高于技术效率和规模效率。从单个市州来看，只有常德市的技术效率和规模效率达到有效状态，且规模报酬递增。综合效率较差的湘西、怀化和郴州，其规模效率和纯技术效率也很低。此外，各市（州）在农田水利基础设施投资方面都存在着不同程度的投入冗余和产出不足。相对于资金投入而言，人力投入冗余最多，水库冗余最少。在产出不足方面，主要体现在第一产业产值和农村居民纯收入方面。

（7）从微观上，小型农田水利基础设施投资受益的区域性和典型性明显，且更加关注农户的获得感和满足感。农户满意度较好地反映了农户对小型农田水利基础设施投资的主观评价，体现其投资绩效。调查显示，农户对小型农田水利基础设施投资绩效满意程度总体上非常满意的很少，一般及比较满意的占 40% 左右。农户满意度作为一种主观评价，受到多种因素的影响。实证研究表明，政府投入、集体投入、促进劳动力就业程度、改变土地流转程度、每亩耕地增产程度、每亩耕地成本降低程度、农民纯收入提高程度，改善耕地环境程度和抗灾减灾的能力等和农户利益密切相关的因素对农户满意度产生较大影响，性别、年龄、劳动力人数对农户满意度影响不大，农民个体投入对农户满意度基本上没有影响。

9.2 政策建议

农田水利基础设施投资绩效存在时间、空间、类别上的差异性，其影响机理也不同。促进其提高是一项复杂的系统工程，需要根据实际情况，宏观与微观、需求与供给、横向协调与纵向一体化相结合，因地制宜、因时施策，充分利用多重因素对绩效的促进作用，以实现农田水利基础设施建设优质、高效、可持续发展。

（1）健全法律法规，规范投资行为。农田水利基础设施投资应逐步从行政推动型向法制推进型转变，通过法律法规的建立健全，形成稳定的法律制度保障，才有利于经济绩效，特别是社会绩效和生态绩效的实现。首先，明确法律规制的范围。包括不同层级政府在农田水利基础设施建设中的职责划分，农田水利基础设施建设资金民营化配置的市场准入、资金使用、质量监管与价格管制，农田水利的产权明晰与维护等。其次，在明确法律规制范围的基础上加强法律完善与执行，规范投资行为，做到有法可依有法必依，有利于实现经济、社会、生态绩效的协同发展。

（2）完善现代财政制度，构建投入稳定增长长效机制。首先，根据事权与财权相统一的原则，明确各级财政支出责任。完善转移支付体系，确保事关农业农村发展和农民生产生活改善的农田水利基础设施建设。强化预算约束，财政支出和收入法治化，确保农田水利投入的稳定增长。其次，加大资金投入力度。建立政策支持和资金投入的长效机制以及合理的投资分担机制，对于跨度较大的农田水利工程建设（跨村、跨乡、跨县），通过充分的沟通和良好的协商，按照各自不同的受益程度、不同的受益范围和经济实力共同分担，来缓解基层财政压力。再次，强化政府责任，整合财政资金，按照“财政投入主导，市场融资辅助，农民投工投劳，社会积极参与”的原则，落实并加强各级政府对农田水利基础设施建设的投入责任。最后，着力化解乡村债务，建立化债和控债新机制。有利于维持基层组织的稳定和发展，以及对农田水利基础设施投资专项资金的专款专用。

（3）明确性质与功能定位，优化投资结构。首先，明确各类农田水利基础设施的性质与功能，优化财政支出项目结构，合理配置农林水事务等资源，以纯技术效率的提高带动综合效率的提高。加大财政直接投资“小农水”力度，加强小型农田水利基础设施建设，提高管护水平。改善农业生产条件，尽量减少洪涝灾害的发生频率和危害程度，提高种粮收益水平。其次，优化投资区域结构，因地制宜，减少投入冗余与产出不足。各地区应根据自身的经济发展、社会生活水平和区域特色，实施差异化的绩效提升策略。适时调整区域间财政投入结构，促进区域间农田水利基础设施投资绩效的协调发展，改善效率不平衡的地区差距。最后，根据投入冗余和产出不足的具体情况，因地制宜，适当调整资源配置。特别是针对从业人数较多的情况，鼓励并加快农村剩余劳动力的转移。针对第一产业产值和农村居民人均收入产出不足，应全盘考虑，结合农村改革以及相关制度建设，促进农村经济发展，提高农民收入水平。

（4）界定投资主体责任，鼓励多元化投资。首先，政府作为弥补市场失灵的重要主体，也是国有资产的所有者，应在农田水利基础设施建设中承担主要投资者角色，直接参与农田水利基础设施建设，起到示范、辐射作用。此外政府作为公共权力的行使者和公共服务部门，在农田水利基础设施投资过程中应承担引导者、服务者角色，可以通过经济补贴和资助、政府参股内部竞争、特许经营、政策优惠、产权改革等方式，诱导和鼓励市场主体参与建设、经营和管理。其次，各类市场主体以社会资本方的方式进入到农田水利基础设施投资建设中，如采取 BOT、TOT、ABS、PFI 等方式进入农田水利基础设施领域，实现风险共担、利益共享、合作双赢。再次，鼓励和引导农户自觉自愿参与到农田水利基础设施建设当中，既是使用者、受益者又是投资者。最后，倡导、支持非政府组织参与农田水利基础设施建设，在政策宣传、矛盾疏导、表达民意等方面起到桥梁纽带作用，有利于弥补公共部门尚未提供或不足以提供的农田水利基础设施，缓解供给和需求之间的矛盾。如大中型水利工程、水利灌溉系统等准公共产品性质的基础设施，投资规模较大，正外部性明显，可以政府供给为主，市场供给为辅，并配合第三部门供给，让三者优势结合。因此，不仅要发挥政府在投资中的主导地位、乘数效用，而且要促进市场主体和非政府组织在政府的主导和引导下，提高投资的积极性、主动性和运作效率，协同促进农田水利基础设施建设和发展。

（5）建立合作机制，协调多维主体利益。政府主导主体、社会参与主体（市场、农户、非政府组织）和农民受益主体是农田水利的利益关系人，三者要达到一个利益均衡点才可能走向合作。政府主导主体追求的是社会福利最大化，社会参与主体追求的是社会效益最大化，农民受益主体追求的是社会效用最大化，三者有效合作的逻辑就在于农田水利的有效供给。基本目标是实现三方共赢，而实现共赢的制度基础是三维主体良性互动。建立合作机制，一是严格遵守契约精神，按照约定执行相互的权利和义务；二是充分披露信息，建立政府主体、社会主体和农民主体的定期沟通制度，使三维主体之间的联系规范化；三是明晰界定产权，通过“公私合作”实现各类投资主体包括政府主导主体、社会参与主体和农民受益主体的利益分割。

（6）健全激励与约束机制，提高农户参与度。针对小型农田水利基础设施而言，发挥政府的引导和调控作用，优化制度安排，以提高农户投资意愿，鼓励参与式管理，有利于解决“最后一公里”问题。首先，优化财政支出结构，加大财政直接投资“小农水”力度，改善农业生产条件，尽量减少洪涝灾害的发生频率和危害程度，提高种粮收益水平；加大财政奖补力度，改革补贴方式，种粮补贴直接发放给种粮农户，让其直接受益，以充分调动农户参与投资建设的积极性；完善财税优惠政策，引导新型农业经营主体进入“小农水”领域。其次，加强对农户的文化教育与农技培训，提高知识水平、业务技能和综合素养，增强农户的政策认知度和投资主人翁责任感。再次，以充分尊重农户意愿和考虑农户需求为前提，根据不同农户个人和家庭特征、心理认知特征以及区域特征，完善村民自治机制，建立健全“一事一议”制度，合理引导农户投资投劳参与小型农田水利基础设施建设。最后，深化农业农村全方位改革，拓宽就业渠道，增加农民就业机会，将农民的切身利益放在首位，增加农户参与度。

（7）加强科学管理，促进投资管理创新。一是建立健全农田水利基础设施投资管理制度，实现水利投资决策的民主化和规范化，做到主体明确、责任清晰、管控有效。建立投资计划安排的制约和监督机制，实行投资计划动态管理和全过程监控，进一步加强农田水利项目投资的全生命周期管理。二是按照“公平、公正、公开”的原则，全面实行投资资金使用的监督检查和绩效评价，提高资金使用的规范性、安全性和有效性。三是统筹城乡水资源，实现集成投资。坚持生产、生活、排涝排洪设施投入的统一规划、突出重点、逐步推进，使农田水利基础设施建设与城镇化建设尽量协同一致，提高水资源开发利用效率。四是科学规划，加强监管。加强前期规划和论证，注重经济、生态、社会效益相结合；合理配置农田水利基础设施建设资金，做到建、管、养并重；坚持事前、事中、事后监督相统一，提高农田水利基础设施质量和投资资金利用效率。

附　录

附录1　农田水利基础设施投资情况的调查问卷

您好！我们是湖南农业大学的在读学生，正在进行农田水利基础设施投资情况的调研。感谢您在百忙之中抽出宝贵的时间进行问卷调查。本次调查仅用于统计分析，我们对您提供的信息给予严格保密，请放心填答。

一、农户基本情况

1. 您的性别：　　　　　　　2. 年龄：

3. 文化程度：　　　　　　　4. 家里耕种的土地面积：

5. 家庭农业劳动力人数：　　6. 兄弟姐妹个数：

7. 身体健康状况：　　　　　是否为党员：

（1）差　　（2）一般　　（3）健康

8. 家庭劳动力短缺状况：

（1）经常存在　　（2）较少存在　　（3）不存在

9. 资金不足状况：

（1）经常存在　　（2）较少存在　　（3）不存在

10. 粮食收入占总收入的比重：

（1）10%以下　（2）10%~30%　（3）30%~50%　（4）50%以上

11. 种粮补贴与种粮投入的比例：

（1）10%以下　（2）10%~30%　（3）30%~50%　（4）50%以上

12. 您对农业政策的关注程度：

（1）很关注　（2）较常关注　（3）偶尔关注　（4）没关注

13. 您的灌溉方式是：

（1）靠天　（2）自己机械抽水灌溉

（3）自己人力运水灌溉　（4）村里组织灌溉

二、农田水利基础设施建设基本情况

1. 您对农田水利基础设施的了解程度如何？

（1）非常了解　（2）了解　（3）了解不多　（4）没听说过

2. 您认为小型农田水利基础设施对农业生产的重要程度如何？

（1）不重要　（2）一般　（3）比较重要　（4）很重要

3. 您对本村现阶段农田水利基础设施整体状况的评价如何？

（1）较差　（2）一般　（3）较好　（4）很好

4. 您的村镇建设了多少大中型农田水利基础设施？

（1）0 个　（2）1～2 个　（3）3～4 个　（4）4 个以上

5. 您所知道的新修的水利有哪些？

（1）蓄水类：水库塘堰　（2）灌溉类：沟渠等

（3）水源类：打井　（4）机电站等

三、农户对农田水利基础设施的需求情况

1. 您所在村农田方面发生旱涝灾害的频率如何？

（1）经常　（2）偶尔或季节性

（3）从无

2. 本村自然灾害对农业生产的影响程度如何？

（1）没有影响　（2）一般　（3）较为严重　（4）很严重

3. 农田水利基础设施建设给您的农业生产带来多大便利？

（1）明显提高了生产效率　（2）没有显著改善

（3）增加生产的麻烦

4. 您认为现阶段加大财政投入，大量返修新建农田水利基础设施有必要吗？

（1）有必要，这是非常必要的民生投资

（2）不应操之过急，视相关财政水平而定

（3）不应该，应把财政投入到更迫切需要解决的民生问题上

5. 您认为本村农田水利基础设施建设落后的原因有哪些？

（1）资金投入少　　（2）资金落实不到位

（3）管理制度有漏洞　　（4）观念问题，公益设施没人愿意投入

6. 您所了解的本村未来时间农田水利基础设施投资的规划情况？

（1）会有较大范围的建设动工　　（2）保持现状的规模，主要是维护保修

（3）不是很了解　　（4）基础工程收效不明显，没太多规划

四、农田水利基础设施治理情况和农户投资意愿

1. 您所了解的政府对农田水利基础设施建设的态度和力度如何？

（1）很好，政府出台了相关政策及鼓励措施，水利发展良好

（2）一般，政府支付度不够，仍会造成旱涝带来不必要的损失

（3）很差，政府忽视这方面工作，资金及人员安排不到位，影响水利正常发展

2. 您认为小型农田水利基础设施建设费用更应该由谁负担？

（1）自己　　（2）政府　　（3）自己和政府

3. 如果让您参加一些小型农田水利的修建，您是否愿意参加？

（1）愿意参加　　（2）有补助就参加

（3）村委会组织就参加　　（4）不参加

4. 您愿意投入小型农田水利基础设施建设的方式是什么？

（1）投工投劳　　（2）投资　　（3）投工投劳和投资

5. 您所在村有专门的水利技术人员吗？

（1）有　　（2）无　　（3）不清楚

6. 您不愿意投入小型农田水利基础设施建设的原因有哪些？（多选）

（1）投入的人力财力不能在生产效益里得到补偿

（2）收入有限，没有太多资金结余

（3）个人借贷能力有限

（4）农户在小农水投资收益期内的权益没保障

附录2　农户对小型农田水利基础设施投资满意度的调查问卷

省________市（地区）________县________乡________村

您好！此问卷不记姓名，本次调查的数据仅用于统计分析，我们对您提供的信息给予严格保密，请放心填答。感谢您在百忙之中抽出宝贵的时间进行问卷调查！

一、农户基本情况

1. 您的性别：

（1）男　　（2）女

2. 您的年龄：

（1）18～25岁　（2）26～40岁　（3）41～50岁　（4）51～60岁

（5）60岁以上

3. 您家里的总人口有（　　）人，劳动力有（　　）人，务农有（　　）人。

4. 您的文化程度：

（1）小学及以下　　（2）初中

（3）高中或中专、职高　　（4）大专及以上

5. 您的身体健康状态：

（1）健康　（2）偶尔生病　（3）体弱多病　（4）生活不能自理

6. 您的主要职业是：

（1）务农

（2）外出打工

（3）公职人员（教师、乡干部、医生）

（4）其他（请说明________）

7. 您（家人）进城务工的主要原因是（　　）。

（1）收入比种地多　　（2）土地被征用

（3）希望在大城市发展　　　　（4）其他

8. 您家里耕地的亩数有（　　），您家有效灌溉的面积有（　　），水田面积有（　　）。

（1）0～1 亩　　（2）2～3 亩　　（3）4～5 亩　　（4）6～7 亩

（5）7 亩以上

9. 您家庭年总收入为（　　）元，其中农业收入为（　　）元。

（1）1500 元及以下　　　　（2）1500～5000 元

（3）5000～10000 元　　　　（4）1 万～2 万元

（5）2 万元以上

10. 您所在地发生水旱的频率如何？

（1）很频繁，几乎年年都有　　　　（2）偶尔，3～5 年一次

（3）从没发生

二、小型农田水利基础设施建设投入情况的调查

1. 您认为小型农田水利基础设施对您的生产生活是否重要？

（1）很重要　　（2）重要　　（3）一般　　（4）不重要

（5）完全没必要

2. 村里的小型农田水利基础设施是在何时修建的？

（1）20 世纪 50 年代　　　　（2）20 世纪 70 年代

（3）20 世纪 90 年代　　　　（4）不清楚

3. 村里近 10 年有没有新建小型农田水利基础设施？

（1）有　　（2）没有

4. 近 10 年您有没有参加过农田水利基础设施的建设？

（1）有　　（2）没有

5. 您认为参与小型农田水利基础设施建设的原因是？

（1）自发需求　　　　（2）政府给予补贴

（3）村组织要求　　　　（4）其他

6. 您认为不参与小型农田水利基础设施建设的原因是？

（1）资金不足　　（2）受益不明显　（3）没有需求

7. 您愿意以何种方式参与农田水利基础设施的建设？

（1）出资　　（2）出工　　（3）出资出工都愿意

8. 您愿意在哪些小型农田水利基础设施建设上出资或出工（力）？

（1）小水库　　（2）机井

（3）排水沟　　（4）水池、渠道

（5）节水灌溉设施　　（6）水坝

（7）堰塘　　（8）排灌站

9. 您认为村里小型农田水利基础设施建设的资金来源应以什么为主？

（1）中央财政　　（2）省财政　　（3）县财政　　（4）乡镇财政

（5）村委会　　（6）农户

10. 您认为村里小型农田水利基础设施建设的投资方式是什么？

（1）政府财政　　（2）农户投工投劳

（3）社会资金

11. 政府“以奖代补”政策对农户参与小型农田水利基础设施建设有何影响？

（1）没有影响　　（2）影响很小　　（3）影响一般　　（4）影响较大

（5）影响很大

12. 您了解最近几年在您村里面的水利设施建设的资金投入情况吗？

（1）了解　　（2）不了解

13. 您认为小型农田水利基础设施建设政府投入的资金够不够？

（1）偏少　　（2）一般　　（3）足够

14. 小型农田水利基础设施建设除了政府投资之外，还有哪些资金来源？

（1）企业参与投资建设，投入使用后收取水费

（2）村民协商集资，自主建设，自主管理

（3）主要靠捐助

（4）其他

15. 当地修建小型农田水利基础设施是否有政府补贴？

（1）有　　（2）没有

16. 获得补贴的范围是多少？

（1）50 元以下　　（2）50～80 元　　（3）80～100 元　　（4）100 元以上

17. 政府水利补贴对您参与水利建设的积极性影响有多大？

（1）基本上没有影响　　（2）有些影响

（3）影响很大

18. 您村里小型农田水利基础设施维修管护的资金来源？
（1）政府财政拨款　　（2）村委会集资
（3）农户个体投入　　（4）捐助等其他
19. 小型农田水利基础设施建设项目实施前，是否公开预算？
（1）是　　（2）否　　（3）不清楚
20. 当地小型农田水利基础设施主要用于哪些方面？
（1）防洪　　（2）灌溉　　（3）发电　　（4）养殖
（5）其他
21. 目前，当地小型农田水利基础设施对农业的作用如何？
（1）很先进，对农业生产作用很大　（2）基本能满足生产需要
（3）很落后，基本没有起作用

三、农户对小型农田水利基础设施建设满意度的调查

1. 您对目前小型农田水利基础设施建设投资总体评价是否满意？
（1）非常满意　　（2）满意　　（3）一般　　（4）不满意
（5）非常不满意
2. 您对目前修建的小型农田水利基础设施的总数量是否满意？
（1）非常满意　　（2）满意　　（3）一般　　（4）不满意
（5）非常不满意
3. 您对目前具体小型农田水利基础设施建设投资是否满意？

名称	非常满意	满意	一般	不满意	非常不满意
小水库					
机井					
排水沟					
水池					
渠道					
节水灌溉设施					
水坝					
堰塘					
排灌站					

4. 您对目前村里小型农田水利基础设施投资结构的评价是：

（1）投资的内容很多，基本上都进行了投资。

（2）重点投资，需要什么投资什么。

（3）投资了一两个项目。

（4）基本上靠自己人工灌溉，没有什么小型农田水利。

5. 您对小型农田水利基础设施建设投资主体是否满意？

名称	非常满意	满意	一般	不满意	非常不满意
中央政府					
省政府					
市政府					
县政府					
乡镇政府					
当地村委会（集体）					
农民个体投入					

6. 您对各级政府在小型农田水利基础设施投资中的评价是：中央政府（　　）省政府（　　）市政府（　　）县政府（　　）乡镇政府（　　）。

（1）非常重视小型农田水利基础设施建设，投入了足够资金，对水利建设作用很大

（2）重视小型农田水利基础设施建设，投入较多资金，对水利建设作用大

（3）不重视小型农田水利基础设施建设，资金投入量少，对水利建设作用不太大

（4）非常不重视小型农田水利基础设施建设，没有资金投入，对水利建设不起作用

7. 您对当地村委会在小型农田水利基础设施投资中的评价是：

（1）当地村委会非常重视小型农田水利基础设施建设，投入很多资金并组织农民兴修水利，对水利建设作用很大。

（2）当地村委会重视小型农田水利基础设施建设，投入较多资金并组织农民兴修水利，对水利建设作用大。

（3）当地村委会不重视小型农田水利基础设施建设，只投入很少量钱，偶

尔组织农民兴修水利，对水利建设作用不太大。

（4）当地村委会非常不重视水利建设，对兴修水利不闻不问，既没有投入资金，也没有组织农民兴修，对水利建设根本没有起作用。

8. 您对当地农民在小型农田水利基础设施投资中的评价是：

（1）当地村民非常重视小型农田水利基础设施建设，投入很多资金并积极参加兴修水利劳动，对水利建设作用很大。

（2）当地村民重视小型农田水利基础设施建设，投入较多资金并参加兴修水利劳动，对水利建设作用大。

（3）当地村民不重视小型农田水利建设，只投入少量资金，偶尔参加兴修水利劳动，对水利建设作用不太大。

（4）当地村民非常不重视水利建设，不关心水利建设，既没有投入资金，也没有参加兴修水利劳动，对水利建设根本不起作用。

9. 您对目前小型农田水利基础设施建设筹资水平是否满意？

名称	非常满意	满意	一般	不满意	非常不满意
政府投入					
集体投入					
农民个体投入					

10. 您对目前小型农田水利基础设施建设投入后促进劳动力就业程度是否满意？

（1）非常满意　（2）满意　（3）一般　（4）不满意

（5）非常不满意

11. 您对目前小型农田水利基础设施建设投入后对改变土地流转现象是否满意？

（1）非常满意　（2）满意　（3）一般　（4）不满意

（5）非常不满意

12. 您对目前小型农田水利基础设施建设投入后每亩耕地增产程度是否满意？

（1）非常满意　（2）满意　（3）一般　（4）不满意

（5）非常不满意

13. 您对目前小型农田水利基础设施建设投入后每亩耕地成本降低程度是否满意？

（1）非常满意 （2）满意 （3）一般 （4）不满意

（5）非常不满意

14. 您对目前小型农田水利基础设施建设投入后农民纯收入提高程度是否满意？

（1）非常满意 （2）满意 （3）一般 （4）不满意

（5）非常不满意

15. 您对目前小型农田水利基础设施建设投入后改善耕地环境是否满意？

（1）非常满意 （2）满意 （3）一般 （4）不满意

（5）非常不满意

16. 您对目前小型农田水利基础设施建设投入后抗灾减灾能力是否满意？

（1）非常满意 （2）满意 （3）一般 （4）不满意

（5）非常不满意

17. 您对目前小型农田水利基础设施的需求怎样？

（1）强烈需求 （2）有需求 （3）无所谓 （4）没需求

（5）完全没必要

18. 您认为目前村里对小型农田水利基础设施的维护水平如何？

（1）很高 （2）高 （3）一般 （4）较低

（5）很低

19. 您认为目前村里对小型农田水利基础设施的维修频率如何？

（1）很高 （2）高 （3）一般 （4）较低

（5）很低

20. 小型农田水利基础设施修建后有无专业人员经行检查维修？

（1）有（定期） （2）坏了才修 （3）没有人修

参考文献

［1］ A. Sarker. Design principles in long – enduring institutions of Japanese irrigation common – pool resources ［J］. Agricultural Water Management, 2004 (48): 89 – 102.

［2］ Afonsoa & Scaglionic. Public services efficiency provision in Italian regions: an on – parametric analysis ［J］. Agricultural Water Managemen, 2005 (19): 112 – 121.

［3］ Ant' onio Afonso & S' onia Fernandes. Assessing and explaining the relative efficiency of local government ［J］. The Journal of Socio – Economics, 2008 (3): 1946 – 1979.

［4］ Amy Lilienfeld & Mette Asmild. Estimation of excess water use in irrigated agriculture: A data envelopment analysis approach ［J］. Agricultural Water Management, 2007 (3): 73 – 82.

［5］ Ashutosh Sarker & Tadao Itoh. Design principles in long – enduring institutions of Japanese irrigation common – pool resources ［J］. Agricultural Water Management, 2001 (48): 89 – 102.

［6］ Baris Yilmaz, Mehmet Ali Yurdusev, Nilgun B. Harmancioglu. The assessment of irrigation efficiency in buyuk menderes basin ［J］. Water Resources Management, 2009 (6): 1082 – 1094.

［7］ Bauer J. Carl. Bringing water markets down to earth: The political economy of water rights in Chile 1976 – 1995 ［J］. World Development, 1997 (5): 639 – 656.

［8］ Beesley M. & Littlechild S. Privatization: principles, problems and priorities ［J］. Lloyds Bank Review, 1983 (14): 1 – 20.

［9］ Buchanan J. M. The demand and supply of public goods ［J］. Chicago: Rand McNally, 1968 (3): 4 – 7.

［10］ Buchta S. , Buchta, T. Impact of the investment grants from the European funds on the development of agriculture and rural areas ［J］. Agricultural Economics, 2009 (2): 133 –145.

［11］ Caroline M. Hoxby. The productivity of schools and other local public goods producers ［R］. NBER Working Paper, 1999.

［12］ Charnes A. , Cooper W. W. , Rhodes E. Measuring the efficiency of decision making units ［J］. European Journal of Operational Research, 1978 (6): 429 –444.

［13］ Christos Pantzios, Panos Fousdkis. The role of public infrastructure in the agricultural sector ［J］. Economy & Environment, 1998 (16): 33 –46.

［14］ Clive harrris. Private participation in infrastructure in developing countries ［J］. World Bank Working Paper, 2003 (5): 41 –43.

［15］ Easterly & Senven. Sustainable agricultural development and project appraisal ［J］. European Review of Agricultural Economics, 1990 (2): 17 –19.

［16］ Emouznejada, Parkerbr & Tavaresg. Evaluation of research inefficiency and productivity: A survey and analysis of the first 30 years of scholarly literature in DEA ［J］. Socio –Econ, Plann. Sci. , 2008 (42): 151 –157.

［17］ Evenson Robert R. The economic and financial gains from water markets ［J］. Agricultural Economics, 1997 (15) .

［18］ F. S. P. Hazell. Throat. Linkages between government spending, growth and poverty in rural india ［R］. International Food Policy Research Institute, 1999.

［19］ Fried H. et al. Accounting for environmental effects and statistical noise in data envelopment analysis ［J］. Journal of Productivity Analysis, 2002 (17): 157 –174.

［20］ Gheblawi M. S. Estimating the value of stochastic irrigation water deliveries in southern alberta: A discrete sequential stochastic programming approach ［J］. University of Alberta, 2004 (12): 101 –107.

［21］ Gholikandi. Impact on food security and rural development of transferring water out of agriculture ［J］. Water Policy, 2012 (6): 567 –586.

［22］ Greene W. H. On the asymptotic bias of ordinary least squares estimator of the tobit model ［J］. Econometrica, 1981 (49): 505 –513.

[23] Gunnar Rongen. Efficiency in the provision of local public goods in Norway [J]. European Journal of Political Economy, 1995 (11): 253 – 264.

[24] Hanjra Munir A., Ferede, Tadele, Gutta, Debel Gemechu. Reducing poverty in sub – saharan africa through investment in water and other priorities [J]. Agricultural Water Management, 2009 (7): 257 – 266.

[25] Huang Qiuqiong, Scott Rozelle, Bryan Lohmar, et al. Irrigation, agricultural performance and poverty reduction in China [J]. Food Policy, 2006 (31): 30 – 52.

[26] J. Mabry, Cabaks. Small – scale irrigation systems [M]. Tucson: University of Arizona Press, 1996.

[27] Jeffrey I. Bernstein & Theofanis P. Mamuneas. Input efficiency and productivity growth in the canadian food processing industry [J]. Public Infrastructure, 2008 (29): 1 – 13.

[28] Jennifer Mckeyi, Ganesh B. Keremane. Farmers' perception on self – created water management rules in a pioneer scheme: The mula irrigation scheme, India [J]. Irrigation and Drainage System, 2006 (2): 205 – 223.

[29] Jondrow J. On the estimation of technical inefficiency in the stochastic frontier production function model [J]. Journal of Econometrics, 1982 (19): 233 – 238.

[30] Johnson T., Alva – Lizarraga, S., Refsgaard, K. Comparative analysis of agriculture and rural policies in vasterbotten and hordaland using the Pommard – model [J]. Acta Agriculture Scandinavica, 2011 (3): 223 – 256.

[31] Jonathan Fox & John Gershman. The world bank and social capital: lessons from ten rural development projects in the philippines and mexico [J]. Policy Sciences, 2000 (33): 399 – 419.

[32] Kessides Ioannis N. Reforming infrastructure: privatization, regulation and competition [R]. The World Bank Development Report, 2004.

[33] Kirchsteiger G., C. Puppe. On the possibility of efficient private provision of public goods through government subsidies [J]. Journal of Public Economics, 1997 (66): 489 – 504.

[34] Liyin Shen, Weisheng Lu, Yi Peng, Shijie Jiang. Critical assessment indicators for measuring benefits of rural infrastructure investment in China [J]. Journal of

Infrastructure Systems, 2011 (4): 28 -37.

[35] M. J. F. van Pelt, A. Kuyvenhoven, P. Nijkamp. Sustainability, Efficiency and equity: Project appraisal in economic development strategies [J]. Environmental Impact Assessment, 1992 (1): 287 -312.

[36] Macmilian. The Impact of China's Economic reform on agricultural productivity growth [J]. Journal Economy, 1989 (7): 781 -809.

[37] Manzungu. Strategies for smallholder irrigation management in zimbabwe [D]. Netherlands: Ageningen University, 1999.

[38] McMilan, John, Whalley, et al. The Impact of China's Economic Reform on Agricultural Productivity Growth [J]. Journal Economy, 1989 (4): 781 - 807.

[39] Meinzen -Dick, Ruth suseela. groundwater markets in pakistan: participation and productivity [J]. Research Report from International Food Policy Research Institute, 1998 (105): 56 -62.

[40] Meinzen - Dick. Groundwater markets in pakistan: Participation and productivity [R]. Washington D C: International Food Policy Research Institute, 1996.

[41] Montoro A. , Lopez - Fuster, P. , Fereres, E. Improving on - farm water management through an irrigation scheduling service [J]. Irrigation Science, 2011 (4): 125 -138.

[42] Peter P. Mollinga, Ruth S. Meinzen - Dick, Douglas J. Merrey. Politics, Plurality and Problem sheds: A Strategic Approach for Reform of Agricultural Water Resources Management [J]. Development Policy Review, 2007 (4): 699 -719.

[43] R. M, Evenson. Agricultural productivity and sources of growth in south asia [J]. American Journal of Agricultural Economics, 1992 (74): 756 -761.

[44] Rosegrant W. Mark, Ringler Claudia. Impact on food security and rural development of transferring water out of agriculture [J]. Water Policy, 2000 (8): 567 - 586.

[45] Sanjay Sitaram Phadnis, Mukul Kulshrestha. Evaluation of irrigation efficiencies for water users' associations in a major irrigation project in India by DEA [J]. Benchmarking, 2012 (2): 193 -218.

[46] Sarker, Ashutosh and Itoh Tadao. The development of group farming in Post - war Japanese agriculture [J]. Journal of Rural Cooperation, 2001 (1): 20 -24.

[47] Saud Akbar, Akthar Abbas, Munir A. Hanjra et al. Structured analysis of seepage losses in irrigation supply channels for cost – effective investments: case studies from the southern Murray – darling basin of australia [J]. Irrigation Science, 2013 (1): 11 –24.

[48] Schouten, Moriarty. Small – scale irrigation systems [M]. Tucson: University of Arizona Press, 1996.

[49] Steven A. Block. The recovery of agricultural productivity in sub – saharan Africa [J]. Food Policy, 1995 (5): 385 –405.

[50] Stuckenbruck et al. Design principles in long – enduring institutions of Japanese irrigation common – pool resources [J]. Agricultural Water Management, 2001 (48): 89 –102.

[51] Sutard C. R. , Bector R. , Goulter I. Multi – objective water resources investment panning under budgetary uncertainty and fuzzy environment [J]. European Journal of Operational Research, 1995 (3): 556 –591.

[52] van Ast, J. A. Boot, S. P. Participation in European Water Policy [J]. Physics and Chemistry of the Earth, 2003 (12): 72 –76.

[53] Wellenius, Foster, Malmberg Calvo. The impact of water – pricing policy in Spain: An analysis of three irrigated areas [J]. Agricultural Water Management, 2004 (8): 43 –45.

[54] Yeo, K. T. & Tiong, Robert L. K. Positive management of differences for risk reduction in botprojects [J]. International Journal of Project Management, 2000 (8): 15 –18.

[55] 蔡荣，马旺林，郭晓东．小型农田水利设施合作供给的农户意愿实证分析——以盐城市农田灌溉水渠改造为例[J]. 资源科学，2014 (12): 5294 – 2603.

[56] 柴盈．交易成本与中国农村的基础设施治理结构[J]. 中国农村观察，2009 (1): 22 –32.

[57] 柴盈，何自力，王树春．中国农村灌溉系统治理与制度创新研究[J]. 贵州社会科学，2007 (5): 31 –40.

[58] 柴盈，曾云敏．管理制度对我国农田水利政府投资效率的影响——基于我国山东省和台湾省的比较分析[J]. 农业经济问题，2012 (2): 55 –60.

[59] 陈贵华. 新中国农田水利发展的制度性特征分析[J]. 中国水利水电, 2011 (10): 146-148.

[60] 陈洪转, 郑垂勇, 张之艳. 基于群决策 DEA 的农村水利投入产出研究[J]. 河海大学学报, 2009 (2): 246-248.

[61] 陈煌, 王金霞, 黄季焜. 农田水利设施抗旱效果评估: 基于全国 7 省 (市) 的实证研究[J]. 自然资源学报, 2012 (10): 1656-1665.

[62] 陈瑞珍等. 基于灰色关联法的小型农田水利工程建设项目绩效评价研究[J]. 节水灌溉, 2015 (6): 79-82.

[63] 戴维娜. 农业水利基础设施建设与农业经济增长关系研究 [D]. 海南大学, 2016.

[64] 道格拉斯·C. 诺斯. 历时经济绩效[J]. 经济译文, 1994 (6): 1-7.

[65] 邓淑莲. 中国基础设施的公共政策 [M]. 上海: 上海财经大学出版社, 2003.

[66] 丁泽民. 新中国农田水利史略 (1949~1998) [M]. 北京: 中国水利水电出版社, 1999.

[67] 杜君楠, 阎建兴. 农业基础设施投资主体行为分析[J]. 西北农林科技大学学报 (社会科学版), 2008 (3): 10-14.

[68] 杜丽娟, 柳长顺. 财政直接补贴农业税费研究[J]. 资源科学, 2008 (11): 1741-1746.

[69] 杜威漩. 制度创新与合作博弈均衡的实现[J]. 水利发展研究, 2006 (11): 30-31.

[70] 冯广志. 回顾总结 60 年历程认识农田水利发展规律[J]. 中国水利, 2009 (19): 7-8.

[71] 郭唐兵, 叶文辉. 我国农田水利与农业增长关系的实证研究[J]. 华东经济管理, 2012 (12): 84-88.

[72] 韩俊, 何宇鹏, 王宾. 我国小型农田水利建设和管理机制: 一个政策框架[J]. 改革, 2011 (8): 5-9.

[73] 何平均. 农业基础设施财政投入绩效分析[J]. 农村经济, 2010 (11): 60-63.

[74] 何平均, 李明贤. 小型农田水利财政支持长效机制研究[J]. 财务与金融, 2012 (6): 88-92.

［75］何平均，李明贤．制度变迁视角下农业基础设施有效供给研究[J]. 商业研究，2012（4）：188－192.

［76］何平均．“三重”失灵视角下农田水利基础设施供给模式选择[J]. 学术论坛，2013（7）：119－122.

［77］何平均，骆爽．基于现代农业发展的湖南农田水利建设研究[J]. 中国科技投资，2013（9）：52－56.

［78］何平均．农业基础设施项目融资的适应性及政策思路[J]. 农业经济管理，2014（3）：16－21.

［79］何平均．粮食主产区农田水利基础设施投资效率分析[J]. 粮食科技与经济，2014（3）：9－11.

［80］何平均．农户小型农田水利投资意愿及影响因素的差异——基于粮食主产区和非主产区的比较[J]. 湖南农业大学学报（社会科学版），2014（4）：1－6.

［81］何平均，刘睿．基于 DEA－Tobit 模型的中国各地区农田水利基础设施投资绩效及影响因素分析[J]. 南方农村，2014（11）：59－64.

［82］贺雪峰，郭亮．农田水利的利益主体及其成本收益分析——以湖北省沙洋县农田水利调查为基础[J]. 管理世界，2010（7）：86－187.

［83］侯胜鹏，张富．当前农田水利设施投入和运行机制研究[J]. 农村经济，2009（12）：87－90.

［84］胡继连，苏百义，周玉玺．小型农田水利产权制度改革问题研究[J]. 山东农业大学学报，2000（3）：38－41.

［85］胡家浩，汤尚颖．我国农村水利管理现状与健康发展的思路及政策建议[J]. 农业现代化研究，2011（6）：42－47.

［86］华坚，祁智国，马殷琳．基于超效率 DEA 的农村水利基础建设投入产出效率研究[J]. 经济问题探索，2013（8）：55－60.

［87］黄力．水利建设投融资体制探究[J]. 水利科技与经济，2009（8）：659－662.

［88］贾康，孙洁．农村公共产品与服务提供机制的研究[J]. 管理世界，2006（12）：60－66.

［89］贾小虎，朱玉春．农户农业收入差异视角下小型农田水利设施供给效果评估[J]. 西北农林科技大学学报（社会科学版），2015（6）：60－66.

［90］孔薇．公共产品视阈下农田水利设施供给的 PFI 模式研究［J］．经济研究参考，2014（43）：49－55.

［91］孔祥智，史冰清．农户参加用水者协会意愿的影响因素分析——基于广西横县的农户调查数据［J］．中国农村经济，2008（10）：22－33.

［92］孔祥智，涂圣伟．新农村建设中农户对公共物品的需求偏好及影响因素研究——以农田水利设施为例［J］．农业经济问题，2006（10）：10－16.

［93］李存超，赵帮宏．河北省农户参与农业节水意愿影响因素分析［J］．节水灌溉，2009（6）：4－7.

［94］李代鑫．中国灌溉管理与用水用户参与灌溉管理［J］．中国农村水利水电，2002（5）：1－3.

［95］李洁．关于深化水利投融资体制改革的思考［J］．生态经济：2013（5）：160－162.

［96］李燕琼．我国小型农田水利建设的制度创新与实践［J］．经济体制改革，2003（4）：82－84.

［97］李志娥．对中阳县下枣林乡农田水利基本建设新模式的调查与思考［J］．中国水土保持，2010（5）：19－20.

［98］连英祺．我国农田水利建设的融资方式选择研究［J］．农业经济问题，2012（1）：88－92.

［99］林辉煌．“治理性缺水”与基层组织建设——基于湖北沙洋县的调查［J］．经济与管理研究，2011（9）：24－28.

［100］刘彬彬，陆迁．农村社区小型水利设施合作供给意愿及其影响因素分析［J］．资源科学，2013（6）：1160－1166.

［101］刘海英，李大胜．农田水利设施多中心治理研究．［J］．贵州社会科学，2014（5）：101－104.

［102］刘辉．制度规则影响小型农田水利治理绩效的实证分析——基于湖南省 192 个小型农田水利设施的调查［J］．农业技术经济，2014（12）：110－117.

［103］刘辉，陈思羽．农户参与小型农田水利建设意愿影响因素的实证分析——基于对湖南省粮食主产区 475 户农户的调查［J］．中国农村观察，2012（3）：54－66.

［104］刘力，谭向勇．粮食主产区县乡政府及农户对小型农田水利设施建设的投资意愿分析［J］．中国农村经济，2006（12）：32－36.

[105] 刘庆，朱玉春．社会资本对农户参与小型农田水利供给行为的影响研究[J]. 农业技术经济，2015（12）：32－41.

[106] 刘睿．农田水利基础设施投资绩效研究［D]. 湖南农业大学，2015.

[107] 刘石成．我国农田水利设施建设中存在的问题及对策研究[J]. 宏观经济研究，2011（8）：40－44.

[108] 刘铁军．小型农田水利设施治理模式研究[J]. 水利发展研究，2006（6）：10－13.

[109] 龙方，彭遭丽．中国粮食生产政策对粮食生产的作用机理分析[J]. 河南工业大学学报（社会科学版），2014（6）：21－25.

[110] 鲁仕宝等．水利工程投资效益分析[J]. 生态经济，2010（9）：120－122.

[111] 罗琳，尉京红．基于灰色关联分析的小型农田水利绩效评价——以河北省第一批小农水重点县为例[J]. 节水灌溉，2014（8）：85－88.

[112] 罗兴佐，刘书文．市场失灵与政府缺位——农业水利的双重困境[J]. 中国农村水利水电，2005（6）：24－26.

[113] 骆爽．基于农户满意度视角的小型农田水利投资绩效评价［D]. 湖南农业大学，2014.

[114] 马林靖，张林秀．农户对灌溉设施投资满意度的影响因素分析[J]. 农业技术经济，2008（1）：34－39.

[115] 马林靖，张林秀，罗仁福．中国农村农田水利灌溉基础设施投资实证研究[J]. 现代经济探讨，2007（8）：20－25.

[116] 马培衢．农村水利供给的非均衡性与治理制度创新[J]. 中国人口·资源与环境，2007（3）：10－13.

[117] 马培衢．农田水利市场化政策评价[J]. 农村经济，2014（5）：107－110.

[118] 倪细云，文亚青．农田水利基础设施建设的影响因素：陕西473户样本[J]. 改革，2011（10）：85－92.

[119] 秦国庆，朱玉春．用水者规模、群体异质性与小型农田水利设施自主治理绩效[J]. 中国农村观察，2017（11）：100－115.

[120] 邱士利．农田水利基础设施建设与粮食产出关系实证研究——以福建省为例［J]. 福建论坛（人文社会科学版），2013（12）：163－166.

[121] 区晶莹，陈晶，俞守华．广东农村水利建设绩效评价[J]. 安徽农业科学，2007（36）：56－59.

[122] 孙梦元．基于灰色系统的准公共性基础设施融资效果评价模型[J]. 中国海洋大学学报（自然科学版），2005（4）：56－61.

[123] 谭文列婧．西南灾区农户对“小农水”的投资意愿研究[J]. 经济生活文摘（下半月），2012（8）：29－30.

[124] 谭向勇，刘力．粮食主产区小型农田水利建设投入机制探析[J]. 农业经济问题，2007（4）：1040－1046.

[125] 唐娟莉，倪永良．中国省际农田水利设施供给效率分析[J]. 农林经济管理学报，2018（1）：23－35.

[126] 唐忠，李众敏．改革后农田水利建设投入主体缺失的经济学分析[J]. 农业经济问题，2005（2），34－40.

[127] 田祥宇，孔荣．农业综合开发产业化经营项目投资绩效分析——基于资金拉动效应的视角[J]. 西北农林科技大学学报（社会科学版），2000（3）：38－41.

[128] 王福东．辽宁省小型农田水利建设的调查与思考[J]. 中国农村水利水电，2007（6）：46－48.

[129] 王金霞，黄季焜，Scott Rozelle. 激励机制、农民参与和节水效应：黄河流域灌区水管理制度改革的实证研究[J]. 中国软科学，2004（11）：8－14.

[130] 王金霞，徐志刚，黄季焜等．水资源管理制度改革、农业生产与反贫困[J]. 经济学（季刊），2005（10）：189－202.

[131] 王广深．中国农村水利投融资机制的历史回顾与前瞻[J]. 社会科学，2012（1）：72－80.

[132] 王浩，秦大庸．水利与国民经济协调发展研究［M］. 北京：中国水利水电出版社，2008：126－129.

[133] 王克强，王春明，俞虹．农田水利基础设施农户参与管理决策机制研究[J]. 农村经济，2011（9）：92－95.

[134] 王蕾．基于不同收入水平农户的农田水利设施供给效果研究［D］. 西北农林科技大学，2014.

[135] 王蕾，朱玉春．基于农户视角的农村公共产品供给效果评价[J]. 西北农林科技大学学报，2012（7）：24－29.

[136] 王良健等. 农户土地征收意愿及其影响因素的区域比较分析[J]. 中国农村观察，2013 (1)：11 -20.

[137] 王仁强等. 农田水利基础设施建设投入机制研究[J]. 水利经济，2010 (2)：60 -64.

[138] 王昕，陆迁. 小型水利设施建设中农户支付行为的影响因素分析——基于社会资本视角[J]. 软科学，2014 (3)：14 -21.

[139] 王亚华，胡鞍钢. 中国水利之路：回顾与展望（1949 ~2005）[J]. 清华大学学报（哲学社会科学版），2011 (5)：99 -112.

[140] 王艳梅. 农田水利建设的现状及改进措施[J]. 工程科技，2013 (16)：218 -219.

[141] 王朝明，杜辉. 农业水利设施的历史变迁与治理政策选择[J]. 改革，2011 (1)：65 -73.

[142] 魏权龄. 数据包络分析 [M]. 北京：科学出版社，2004.

[143] 吴加宁，吕天伟. 小型农田水利建设主体及相关问题的探讨[J]. 中国农村水利水电，2008 (9)：5 -7.

[144] 吴平，谭琼. 我国粮食主产区农田水利设施配置效率及区域差异分析——基于 DEA 和动态 Malmquist 指数的实证研究[J]. 农业现代化研究，2012 (3)：331 -335.

[145] 杨阳，周玉玺，周霞. 差序氛围、组织支持与农户合作意愿——基于小型农田水利建管护的调查[J]. 南京农业大学学报（社会科学版），2015 (7)：87 -97.

[146] 叶文辉. 农村公共产品供给制度变迁的分析[J]. 中国经济史研究，2005 (3)：71 -78.

[147] 叶文辉，郭唐兵. 我国农田水利运营效率的实证研究[J]. 山西财经大学学报，2014 (2)：63 -71.

[148] 叶文辉，张琰，叶效彤. 公共经济学视角看云南农田水利建设——以 2010 年西南大旱为例[J]. 云南师范大学学报（哲学社会科学版），2012 (5)：109 -116.

[149] 易绵阳. 公共财政与国家农贷：农村水利外源性融资体系的构建[J]. 现代经济探讨，2011 (7)：64 -68.

[150] 俞雅乖. 我国农田水利财政支出效率的省际差异分析 [J] . 农业经

济问题，2013（4）：55－63.

［151］俞雅乖．“一主多元”农田水利基础设施供给体系分析［J］．农业经济问题，2012（6）：23－28.

［152］曾福生，李飞．农业基础设施对粮食生产的成本节约效应估算——基于似无相关回归方法［J］．中国农村经济，2015（6）：4－12.

［153］曾福生．高标准农田建设的理论框架与模式选择［J］．湖湘论坛，2014（3）：61－68.

［154］张广修．大旱反思：完善农田水利设施建设及旱灾应急管理法律体制［J］．农村经济，2009（11）：43－44.

［155］张开华，万敏，胡振虎．农村基础设施投资短缺分析：以中西部四省调查为例［J］．山东财政学院学报，2008（6）：9－12.

［156］张宁．农村小型水利工程农户参与式管理及效率研究——以浙江省为例的实证分析［D］．浙江大学，2007.

［157］张宁，陆文聪，董宏纪．中国农田水利管理绩效及农户参与性机制研究——基于随机前言的实证分析［J］．自然资源学报，2012（3）：353－361.

［158］张全红．加强制度创新推行自主治理——我国小型农田水利设施治理制度变迁分析［J］．农业经济与科技，2006（6）：40－42.

［159］张淑欣．完善农田水利基础设施建设的财税政策选择［J］．地方财政研究，2010（12）：34－39.

［160］张岩松，朱山涛．夯实国家粮食安全和现代农业发展基础的一项重要举措——黑龙江省、江西省小型农田水利重点县建设情况调查［J］．中国财政，2011（9）：57－60.

［161］郑家喜，王姣．政府农田水利项目建设风险因素 FUZZY－ISM 结构模型分析［J］．农业技术经济，2013（12）：110－117.

［162］郑风田．我国农田水利建设的反思：问题困境及出路［J］．湖南农业科学，2011（1）：1－7.

［163］周洪文，张应良．农田水利建设视野的社区公共产品供给制度创新［J］．改革，2012（1）：94－100.

［164］周晓平，郑垂勇，陈岩．小型农田水利工程产权制度改革动因的博弈解释［J］．节水灌溉，2007（3）：54－57.

［165］周学文．30 年水利投融资体制改革的成功实践［J］．中国水利，2008

(24)：9 – 11.

[166] 周学文. 新中国成立 60 年的水利基础设施建设与投融资政策[J]. 中国水利，2009（18）：47 – 49.

[167] 朱红根，翁贞林，康兰媛. 农户参与农田水利建设意愿影响因素的理论与实证分析——基于江西省 619 户种粮大户的微观调查数据[J]. 自然资源学报，2010（4）：540 – 546.

[168] 朱云章. 中部粮食主产区农田水利基础设施投资效绩分析[J]. 科学·经济·社会，2011（2）：58 – 62.

后　记

本书是教育部人文社会科学研究青年项目“农田水利基础设施投资绩效及影响机理研究”（编号 12YJCZH068）的最终研究成果。该课题研究花了近 6 年时间，经历了我国农田水利基础设施建设的重要时期。在我国农业现代化进入快车道，精准脱贫进入攻坚阶段，乡村振兴战略全面部署，财政面临资金约束和结构不均衡的情况下，农业面临“天花板”和“地板”的双重压力，农田水利作为最重要的农业基础设施之一，其投资面临一系列挑战，也必须进入新的跨越，以更好推动“四化”建设，助力全面小康社会的实现。

课题组成员反复思考如何科学、客观、全面评价农田水利基础设施的投资绩效，影响农田水利基础设施投资绩效的机理到底是什么？课题组调整既定的研究思路，分别根据不同时期、不同空间、不同类型的农田水利基础设施，采用主观与客观相结合、定性与定量相结合、统计数据与实地调研数据相结合，从宏观、中观、微观三个不同的层次进行全方位的研究，为具有中国特色的农田水利基础设施投资绩效提升寻找新的思路，以实现政府、市场、农户、非政府组织等的“利益最大化”目标。为此，我们感受到了课题研究的欣慰。

感谢课题组成员的辛勤付出。感谢曾福生教授、李明贤教授、彭建刚教授、张亚斌教授、刘茂松教授、匡远配教授、罗光强教授对本课题研究提出的建议和修改意见。

感谢我的研究生刘睿、骆爽、唐香菲、李菁菁、刘斯等同学为课题大量数据采集和分析、文字校对等做出的努力。感谢中山大学博士生何文在数据采集和分析方面做出的贡献。

当然，本书成果肯定存在难免的错漏之处和值得商榷之地，敬请各位专家和学者批评指正。

何平均

2018 年 9 月于长沙